教えているのは、希望。

「無料塾」という生き方

小宮位之 著

ソシム

はしがき

この本を手に取っていただいた読者の皆さま、ありがとうございます。冒頭から恐縮ですが、１つ質問したいことがあります。

自分のことを、「運がよい、よかった」と思っていますか。

経済的な視点、家族関係、周囲の人間関係などあらゆる視点から、判断されると思います。「全体的には運がよかったかな」「あまり運がいい人生とは言えない」など、いろいろな思いが巡ると思います。また同じ質問を最後に投げかけますので、「運」というキーワードを思い浮かべながらこの本を読み進めていただければと思います。

さて、私は「無料塾」の運営者です。一体「無料塾」とは何か。初めて聞いた方が多いと思います。無料塾とは、子どもたちから授業料を一切取らず、無料で勉強を教える塾です。

この話を聞いた大半の人は、「誰が教えているの？」「どうやって無料で塾を運営できるの？」「どんな人が勉強しているの？」と疑問が次々に浮かぶでしょう。この本を読んでいただければ、「無料塾とは何か」「なぜ必要なのか」、そして「どうして私が無料塾を運営することになったのか」が分かります。

私が運営する八王子つばめ塾の講師は、全員がボランティアで構成されています。交通費は自己負担で、アルバイト代も受け取らないボランティアの講師が、子どもたちを無料で導いてくれています。教室は、八王子市の公民館や病院、市内の寺院が地元市民のために活動場所として提供するビルの1室などを使わせていただいています。

講師だけでなく運営や事務も、すべてボランティアスタッフのサポートと寄付金によってまかなわれています。２０１２年のスタート以来、資金や物品を含めるとのべ２００人以上の方から寄付をいただきましたが、初めての寄付は八王子つばめ塾の卒業生からでした。この2千円は今でも私の心の中に、温かいものをもたらしてくれています。

この卒業生は、中学2年生のときから八王子つばめ塾に通っていました。まだ10名ほどしか塾生がいなかった頃からの生徒です。その子が八王子つばめ塾を卒業し、高校に進学した後の7月に、久々に塾に来て、参考書を寄付してくれました。一緒に封筒もくれたので、「読んでいい？」と聞くと、「恥ずかしいから後で読んでよ！」と言って帰っていきました。どんなメッセージを寄せてくれたのだろうと、うれしい気持ちで帰宅し、さあ手紙を読もうと封筒を開けると、手紙と一緒になんと千円札が2枚入っていたのです。

彼女は3人きょうだいの一番年長。母子家庭で子どもたちの生活を支えていたお母さんはがんが見つかり、思うように働けない状況になってしまいました。彼女は早朝に牛丼屋でアルバイトをして、そのまま高校へ。放課後はガソリンスタンドとコンビニで働く日々でした。

その貴重なアルバイト代の一部を、「八王子つばめ塾が充実しますように！」という言葉を添えて、寄付してくれたのです。初めての、しかも卒業生からの寄付に本当に驚き、そして思わず涙があふれてきました。本人やそのご家族にとって、どれだけ貴重な2千円でしょうか。きっと2時間以上の労働の対価であろう金額を八王子つばめ塾に寄付してくれたという、その思いにただただ涙が出るばかりでした。妻にこのことを報告すると、とても喜んで「いいことをしていると、いいことがあるね」と言ってくれたのをよく覚えています。

この初めての寄付の直後に、とある新聞に八王子つばめ塾を取り上げた記事が掲載され、知名度が上がり寄付も増えていきました。心のこもった寄付が、その後の八王子つばめ塾への寄付をリードしてくれたと思っています。彼女の温かい気持ちが現在の八王子つばめ塾を作っているのです。

八王子つばめ塾は、人々の「善意」で成り立っています。皆さんの心の奥にある「善意」を社会のために生かし、今、苦しい人、苦しい立場にいる人に寄り添う世の中を作りたいと思って無料塾の活動をしています。

この本を読んだ皆さまが、自分も何か行動してみたいと思っていただけたら幸いです。

認定ＮＰＯ法人八王子つばめ塾　理事長
小宮《こみや》　位之《たかゆき》

「無料塾」という生き方〈目次〉

第2章　なぜ私は「無料塾」を立ち上げたのか

第3章　もっと広がれ！　社会支援の輪

第4章　もしもあなたが、学習支援を始めようと思ったら

私は貧困家庭で育ちました。しかし、塾生のご家庭や読者の中には、「貧困」と言われたくない方や、シングルマザーだからといって「貧乏」と決めつけられたくない方もおられると思います。八王子つばめ塾では、正式には「経済的に苦しいご家庭」という表記を採用しており、「貧困」や「困窮世帯」「貧乏」という言葉は使っておりません。

ただ、幼少期のわが家は「経済的に苦しい」レベルではなく、明らかに貧乏であり、貧困だったので、わが家を表現するときにはこのような言葉を使います。八王子つばめ塾に通っている生徒の家庭を「貧困」と決めつけているわけではないことをあらかじめご理解いただき、読み進めていただければと思います。

第１章

学習支援ボランティア「無料塾」とは

無料塾という言葉を
本書で初めて知った方も少なくないと思います。
また、知ってはいても実際にどのようなところか、
想像がつかない方も多いでしょう。
私の運営する八王子つばめ塾の紹介を兼ねて、
無料塾の生徒、講師の姿や雰囲気を伝えたいと思います。

無料塾ってどんな場所？

個別指導で学ぶ生徒たち

「こんばんは。はーい、よく来たね。お疲れさま、お疲れさま！」

教室に入って来る生徒に、大きな声で私があいさつをします。中学生クラスの日常です。元気よくあいさつを返してくれる子もいれば、恥ずかしそうにうなずくだけの生徒もいます。いろいろな生徒がいますが、事務局長の私が声の大きさを変えることはありません。あいさつは人間関係の基本だと思っているからです。

席に着いた生徒には、時間があれば授業前に話しかけるようにしています。

「夏休みの宿題は全部終わりそう？」「中間試験いつだっけ？」「もうそろそろ修学旅行？」「お兄ちゃん元気にしてるの？」

私はふだん授業を持っていないので、生徒とのちょっとした会話はとても重要です。ひと言でも言葉を交わしておかないと、肝心《かんじん》なときに話ができません。生徒も、話したことのない相手に「相談してみよう」という気持ちにはならないでしょう。19時になると、授業が始まります。個別指導なので、やることはみんなバラバラです。中学３年生の生徒が多い八王子つばめ塾ですが、中学１年生、中学２年生向けの問題集を解いて、基礎からやり直す子もいます。講師は、「まず最初に掛け算、割り算からね。次に足し算、引き算ね」と、基礎から丁寧に教えていきます。学力習得が追いついていない生徒を責めるような講師はいません。

通い始めて間もない生徒は、表情の硬い子が多いです。それは、勉強が苦手な子が多いからです。しかし、講師と二人三脚で１か月、２か月と勉強を進めていくと、表情が柔らかくなっていきます。そしてだんだん、深く考えることができるようになります。最初はすぐに「分かんない」と投げ出してしまう子も、勉強を進めていくうちに、シャーペンを回しながら、考える時間が長くなります。関数などの難しい問題にもなれば、ホワイトボードを使って説明する講師もいますし、隣に座ってレポート用紙で説明する講師もいます。教え方は違えど、寄り添って教えていくという姿勢はみんな同じです。

「ちょっと頑張って解いてみる！」とじっくり1人で考える生徒もいれば、「ねぇ、ここはどうしてこうなるの？」と先生に早く解き方を教えてもらいたい生徒もいます。いろいろな個性があるので、教えるさじ加減が難しいのです。でも、相手に合わせて教えていくことで、中学校の一斉授業では難しい、それぞれの理解度に応じた学習を提供できます。

入塾できるのは、3つの条件をすべて満たす生徒だけ

八王子つばめ塾に生徒が入塾するには、次に掲げる3つの条件があります。

・ご家庭が経済的に困難であること

・ほかの有料塾、家庭教師に習っていないこと
・本人に勉強をする気があること

この３つの条件をすべて満たさないと、入塾はできません。

「経済的な困窮」の基準

八王子つばめ塾の場合、経済的な困窮《こんきゅう》に対する明確な基準はありません。収入証明のような書類の提出を求めることもありません。しかし、そのご家庭がなぜ困窮しているかは、私がすべての入塾希望者からメールや電話などでよく話を聞いて判断しています。八王子つばめ塾で入塾を断るのは、次のようなケースです。

「支出が多いので教育費をかけられない」

例えば、住宅ローンの支払いだったり、車のローンの支払いが大変で、教育にお金を回せないといった場合にはお断りしています。大変だとは思いますが、大きな額のローンが組めるということは、すなわちそれ相応の収入があるはずです。

そのため、支出を基準にするのではなく、「収入のほうは、どうですか？」と入塾希望者には伺っています。そもそもの収入が少なければ、節約や支出の見直しもやりようがありません。八王子つばめ塾の持つ限られたキャパシティーを優先的に振り分けるべき対象は、そのような収入の少ないご家庭の子どもなのです。

「習い事を掛け持ちしているから、塾代が出せない」

これも、少なからずある相談です。あるケースでは「６つの習い事に通わせていて、お金がありません」という話もありました。そのようなときに私は、「６つのうち、４つ通うのをやめたら有料塾に行けますよ」と返答しています。条件の１つに「ほかの有料塾、家庭教師に習っていない」と掲げているのと、理由は同じです。

入塾面談で「やる気」を確認

勉強へのやる気は、入塾面談の際に「今、八王子つばめ塾の説明を聞いて、見学もしてもらいましたが、ここで、頑張ってみようと思いますか？」と必ず確認します。大半の生徒はここで、「うん」とうなずくので、入塾許可を出しますが、中には「うーん」と渋る子もいます。

そうしたら、「分かりました。無理に入塾してもらうことはありません。お母さんとよく話しあって、連絡をください」と返します。あくまでも本人に「勉強しよう！」というやる気がなければ、決して長続きしないからです。八王子つばめ塾の設立当初には、やる気がない子を入塾させたこともありましたが、結局その子はほとんど塾に通うことはありませんでした。

ただし断る際には、「もし、勉強を頑張りたい！　あの高校に進学したい！　というやる気が出てきたら、遠慮なく連絡をください」と付け加えるようにしています。学習支援の門戸《もんこ》は、経済的に苦しいご家庭に対して常に開かれていなければなりません。しかし、「やる気」を持っていなければ入場はできないのです。

また、年に一度、生徒たちにはこう話しています。

「いいかい、君たちに『勉強したい』という熱意があるから、私や大勢の講師がここにいるのであって、君たちが勉強しないのであれば、今すぐこの塾をやめてもらってかまわない。君たちからは1円ももらっていないし、君たちのほかにもここで勉強をしたい子どもたちが待っているんだから。やる気のない生徒が席を埋めているのであれば、待っている生徒に申し訳ない。だから、もしここで寝るのであれば、家で寝てくれ」

すると、生徒も表情が変わります。「小宮先生が怒っている。これは勉強しないとヤバい」と思っているかもしれません。もし、生徒の保護者からお金をもらっている有料塾ならば、授業中に居眠りをしていてもむやみに追い出されることはないでしょう。八王子つばめ塾は「やる気」だけが、生徒からもらうもの、いわば「月謝」です。やる気という「月謝」を持ってこない生徒は来てくれるな、とはっきり言えるのです。

授業は個別指導

八王子つばめ塾に来る生徒は、基本的に勉強が苦手です。もし勉強が好きで好きでたまらず、嫌がらずにできるのなら、塾に来る必要はありません。単に勉強のやり方が分からないのであれば、優良な解説動画がいくらでも見つかる時代です。その環境で塾に通うということは、ある程度勉強が苦手だったり、中学校の35人授業ではついていけなかったり、理解しきれなかったり、忙しい先生へ質問がしにくかったり……。何かしらの事情があるのだろうと思います。

せっかく八王子つばめ塾に通い始めたのに集団授業で進めてしまっては、中学校の教室で起こったのと同じことが繰り返されるだけです。それを防ぐために、八王子つばめ塾では１人の講師が２人の生徒に教える「個別指導」を導入しているのです。

そして講師と生徒の組み合わせは、３か月で交代するようにしています。相性だけは、よしあしがあるのでしっかりと私が見極めるようにしています。このやり方は、生徒や講師が途中から入ってきたり、やめたりすることがあって、コロコロ組み合わせが代わってしまうのを防ぐ目的もあります。講師１人と生徒２人の組み合わせに途中で欠員が生じても、３か月の節目まではそのままにしています。

学べるのは英語と数学

教室は現在４つあり、それぞれに開催曜日を変えて、どの生徒も英語が週１回、数学が週１回と、合計で週に２回通えるようにしています。英語と数学に絞っている理由は、この２教科が「積み重ね教科」だからです。例えば英語であれば、ｂｅ

動詞と一般動詞の区別がつかないままならば、その後の単元を学ぶときにもずっと間違い続けてしまいます。

数学も同じで、「正負の数」が理解できなければ、最後まで数学を理解できません。１つ１つの段階を理解しながら次へと進む必要があるので、苦手意識を持つ子どもがとても多いのです。また、高校に進学した後も学び続ける科目であるため、重点的に教えています。

国語・社会・理科は、積み重ね教科に対してそれぞれの単元が独立しているため「独立型教科」と呼ばれます。例えば、日本の都道府県が分からなくても、安土城《あづちじょう》については答えられるし、織田信長が何をしたかも答えられます。

もちろん独立型教科の授業もできればよいのですが、授業時間は限られているので、苦手な子どもが多い積み重ね教科の２教科に絞り、その他の教科は季節講習などで行うことにしています。

八王子つばめ塾での日々の学習の目標は、中学校の授業についていけるようになることです。都立高校入試という大きな目標はあるものの、日々の学校の授業が分からないまま、ただ単に都立高校の入試対策をしても意味はありません。日々の授業の内容が少しでも分かるようになることで、子どもたちのやる気も出てきます。

最大の目標は都立高合格

八王子つばめ塾の特徴として挙げられるのは、都立高入試のうち「推薦入試」に特に力を入れていることです。有料塾の傾向としては、「こんなに学力レベルの高い高校に、受講生が受かりました！」ということを生徒募集の宣伝材料にするために、少しでも学力の高い高校へ一般入試で受験するよう勧めるのが一般的です。

ちなみに、推薦入試は自分の学力レベルより高い高校を受けると、合格率がガクッと下がります。そのため自分の学力レベルと同じかそれよりも低いレベルの高校を受験しなければ受からないのです。しかも推薦入試を受けるとなれば、マンツーマンで面接の練習や、作文・小論文対策をしなければならず、そこへ塾のリソースを費やすよりも一般入試向けの勉強をやったほうが効率はいいわけです。
八王子つばめ塾の最大の目標はレベルの高い学校に受かることではなく、「都立高校」に受かることです。これは私立高校への進学を否定しているわけでは全くありません。私立高校に進学しても、よき先生やよき友人に囲まれ、すばらしい高校生活が送れると思います。しかし保護者の「負担額」が都立高校と私立高校とでは全く違います。

どの高校にも共通する費用として、「入学金」「年間授業料」の2つで、都立高校と都内の私立高校平均額とを比べてみましょう。都立高校はどの学校も一律で、入学金（入学料）は５５００円、年間授業料は11万８８００円です。都内の私立高校は各校によって異なりますが、平均額で入学金は25万３１１３円、年間の授業料は48万３３１１円になります。

入学金と年間授業料の合計は、都立高校では12万４４５０円。私立高校では73万

６４２４円。その差は約６倍になります。さらに施設費や教科書などの教材費、制服・体操着・シューズ代など学校生活に欠かせない備品等の購入もありますから、その差はさらに広がります。

また、世帯で年収約９１０万円未満世帯の生徒には、授業料に充てるための就学支援金を国が支給する「高等学校等就学支援金制度」があります。都立の高校であれば年間授業料が全額支給されます。私立高校生向けの各種給付金制度もあり、私立高校へ進学しても一定の支援を受けることができます。しかし経済的負担の観点で言えば、やはり都立高校の方が圧倒的に負担が少ないことは間違いありません。とにかく都立高校に受かる、推薦入試でも全力を尽くすというのが八王子つばめ塾の方針です。

実践型の推薦入試対策

推薦入試の対策として1月中旬の日曜日を使い、３時間みっちり面接練習と作文指導を行う「推薦入試練習会」を行っています。午前３時間、午後３時間の入れ替え制で、講師は丸1日つきっきりです。このときには近隣の無料塾にも呼びかけて多くの生徒の面倒を見ています。八王子つばめ塾の面接練習の最大の特徴は、塾のボランティア講師とは別に外部から面接官役の方をお呼びしていることです。外資系企業の日本支社長をしていた方や、現役の大学教授に来てもらっています。

模擬面接の部屋に入ると、今まで見たことのない人が座っていて、本番同様の状況で模擬面接が受けられるわけです。私やふだんから教わっているボランティア講師が面接官をすることで、「何だ、知っているあの先生か……」となり、緊張感が失われてしまうのを防ぐためです。

実際に会社で採用面接をしている社長さんや、大学入試の面接で多くの学生と接している方の面接やそのアドバイスは、高校入試だけではなくその後の人生にも生きる貴重な経験だと思います。

また、作文指導を通して「どうしてこの高校に行きたいのか」という問いに対する自分の考えをまとめる訓練をしています。作文指導は冬期講習の中でも行っていますが、入試直前の作文指導は、自分の将来についての考えを深める絶好の機会になっていると思います。

生徒と講師との出会いが引き起こす「化学反応」

不登校を経験した生徒のために特別カリキュラムを実施している「学びの多様化学校（いわゆる不登校特例校）」に通っていたある生徒が、八王子つばめ塾の講師から勉強を教わるようになってから英語がとても得意になり、都立高校の普通科外国語コースに推薦で合格しました。八王子つばめ塾に来た頃は本当に普通の生徒だった子が「私、もっと英語を好きになって、将来は英語関係の仕事がしたい」と言って高校での勉強を頑張っています。通っていた「学びの多様化学校」の先生も驚くほどの変化でした。八王子つばめ塾に2年間通い続けて、ただ勉強ができるようになっただけでなく、好きになった英語をもっと勉強をしたいという気持ちが湧き上がるようになったのです。

このような、生徒と講師との出会いによる化学反応が無料塾の価値だと思います。市場経済では価値がないとされてしまう無料での教育支援でも、生徒に変化を与えられます。しかも、無料で提供するからこそ有料塾では提供できない教育支援が行えるともいえるのです。

学習支援は必ずしも全員に必要ではない

八王子つばめ塾では設立以来、公的機関からの助成や委託を一切受けていません。

私が勝手に立ち上げて、自発的に教えたいボランティア講師が集まってきてくれて、毎月５００円のおばあちゃんから、毎月10万円の資産家の方まで、約１００人が自発的に寄付してくれる資金で運営されています。

もし、ボランティアや寄付をされていない方から文句が出たとしても、「あなたからは、何ももらっていません」と堂々と返答できます。つまり、税金がわずか1円でも投入されると、その活動はすべての市民から批判の対象になってしまう可能性があります。これを避けるために、公的な助成や委託による資金提供を受けていないのです。

もちろん、公的な助成自体があらゆる事業で足かせだということではありません。障害者福祉や高齢者福祉といった分野には税金を投入すべきだと考えます。障害者や高齢者、その家族の暮らしを助成せずに成り立たせるのは非常に難しいでしょう。

しかし、学習支援は少し役割が異なります。小学校や中学校という、就学義務のある公的な教育機関があります。一方で有料・無料を問わず学習塾は必ずしも全員が必要なわけではない「オプション」です。すべての子どもに必要ではない学習施設に公的な支援を投入すれば、通う必要のない人からは「不要だ」と言われても無理はないのです。

私がやりたいのは、八王子つばめ塾が利潤を上げることではなく、公的な助成金で事業を行うことでもなく、子どもたちが本当に必要としているものに対して、お金をフレキシブルに、つまり八王子つばめ塾の判断で自由に出せることなのです。

4つの「名誉」と1つの「御法度」

さて、八王子つばめ塾には4つの「名誉」、つまり誇りにしていること、そして1つの「禁止事項」、つまり御法度《ごはっと》があります。

誇りに思っていることの1つ目は、「今日こうして、生徒が2時間勉強して、分かったと言って帰っていくこと」です。これ以上、誇りに思うことはありません。

むしろそこに最大の価値を置かないと、無料塾は存在意義を失ってしまいます。

２つ目の名誉は、八王子つばめ塾の卒業生が、ボランティア講師として戻って来てくれていることです。「つばめ」に込めた理念を体現してくれている生徒が今までに８名もいるのです。「自分にも苦しい時期があったけれど、後輩のために力を尽くしたい」と考える卒業生がいるということは、今までのボランティア講師がいかに真剣にやってきたかという証《あか》しだと思います。

３つ目は、社会の第一線で活躍する人材が、ボランティアをしてくれていることです。有名企業に勤めている人が来ているとか、有名大学に通っている学生が来ているとか、そういう意味ではありません。働きながら、大学に行きながら、家族を養いながら、悩みも抱えながら生活していること、それこそが社会の第一線で活躍しているということなのです。その多忙な生活の中からボランティアの時間を捻《ねん》出《しゅっ》し、交通費も自分持ちで、それでもなお、子どもたちのために勉強を教えようとする講師がいることです。そのようなすばらしい講師に教えてもらっていることが本当に誇りなのです。

そして4つ目は、民間団体でありながら、返済不要の奨学金制度を運営できていることです。2022年度には、総額340万円もの奨学金を生徒に給付できました。全国の無料塾でここまで大きな奨学金を出しているところは、ほとんどないと思います。これは間違いなく、多くの寄付者の皆さまのおかげです。

4つの名誉とは反対に、名誉と思ってはいけない禁止事項が1つあります。それは、国や行政機関から表彰を受けることです。もちろん、そのような打診は今まで1回もありません。民間の財団などから表彰を受けることはあるかもしれませんが、将来にわたって国や行政からは受けないと思います。理由は、国や行政機関から表彰を受けると、「八王子つばめ塾は国や行政機関から認められている、お墨付きのある団体なんだ」という驕《おご》りが、知らず知らずのうちに出てくると考えるからです。

八王子つばめ塾の価値は、1つ目の名誉として挙げた、生徒への学習機会の提供です。国や行政からの表彰など、生徒にとってみればどうでもいい話です。今日のこの時間に、どれだけ勉強できるかが大事なのですから、表彰には何の価値もありません。あしき勘違いを生まないためにも、禁止すると決めています。

無料塾の強みは「無料が秘める可能性」

「無料で運営することの難しさ」についてよく聞かれますが、強いて言えば、ボランティア講師や会場の数が限られているために授業のコマ数を増やせないことくらいで、無料だから難しいとは感じていません。むしろ無料でやっているからこそ、有料塾にはない可能性が秘められているのです。

市場経済の理屈で考えれば、無料塾で提供している0円の教育には、価値がないように見えるかもしれません。確かに世間では1万円を出せば1万円相当の、5千円を出せば5千円相当のサービスやものが手に入ります。支払った費用に相応する価値があると思ってお金を出すのが当たり前です。1万円出したのに2分間しか教えてくれないような、支払った額と受け取るメリットのバランスが悪い塾があったら、誰もそんなところには行きません。また、塾講師のアルバイトの時給が２千円だったとしたら、２千円以上の時給が取れる能力のある人が塾で教えることはなかなかないという話にもなります。

しかし、八王子つばめ塾で教えてくれている講師には、普通の有料塾で教えを受けたら、いくら必要になるか分からないほどの経歴を持つ方もいます。例えば、大手の自動車メーカーや総合ＩＴ企業で管理職向けのＴＯＥＩＣ講座を担当するプロの英語講師の方もいます。必ずその講師に当たるかは、くじ引きみたいなもので分かりませんが、有料塾で教えてくれる講師よりも、ともするとポテンシャルの高い先生に教えてもらえる可能性があるということです。少なくとも、無料であるがゆえに、有料の塾以上の価値を得られる可能性があるのです。

その先生に当たるかどうかは分からないものの、無料だから損をするということはないと思っています。つまりハイリスク・ローリターンの可能性はゼロで、ノーリスク・ハイリターンの可能性さえあるのです。八王子つばめ塾では奨学金対象者には通塾の交通費も出しますので、「無料塾で損した」ということはないはずです。

さまざまなバックグラウンドを持つ生徒たち

八王子つばめ塾の子どもたちは、ひとり親家庭が４割、共働き世帯が６割です。共働き世帯のほとんどが３人以上の多子世帯になります。

お母さんが出ていく姿を覚えているあおいさん

生徒の中で、小学校低学年で身につけるべき勉強の能力や知識がごっそり抜けている印象を受ける生徒がいました。それがあおいさん（仮名）です。あおいさんは、祖父母のもとで育てられていたため、祖母に話を聞いてみることにしました。

彼女が低学年のときに両親が離婚し、実の母親はあおいさんを含め、きょうだいを置いて家を出ていってしまったというのです。しかも彼女は、お母さんが家を出ていく瞬間を克明に覚えているとのこと。この話を聞いて、涙があふれました。

自分を置いて母親が出ていってしまった、その例えようのない寂しさを想像するだけで胸が張り裂けそうになります。一部始終を聞いた私は、こう思いました。

「それは、学校の勉強どころではないな……」

勉強ができない原因は本人の努力不足だと、どうしても見てしまいがちですが、よくよく聞いてみれば切ない事情がそれぞれにあるものです。

高校に行く意味を見い出せないたくや君

またある日、中学1年生のたくや君（仮名）が、突然尋ねてきました。

「先生、高校って行く必要あるんですか？」

「どうしてそう思うの？」「うちは、お母さんが高校中退なんですが、一番上のお兄ちゃんは、中学を卒業してすぐに就職し、家を出ていきました。1つ上にお姉ちゃんもいるのですが、毎日、『私、高校なんて絶対に行かないから！』って叫んでいるんです。高校に行く意味って何ですか……」こう聞いてきたのです。

中学生の98％以上が高校に進学する時代に、こういう疑問を持つ子がいること自体が驚きでした。それは、私が「高校への進学は当然だから、何も考えずに進学すればよい」と考えているからではありません。高校ばかりか、大学や専門学校へ進学するのも当然と考えている中学生もいる中で、高校進学の意味から考えなければならない子を前に、「人間はいかに自分の生まれた家の窓からしか景色を見ることができないか」ということを思い知らされたからです。これは、その家庭の問題ではありません。みんなで考えるべき課題です。

家庭環境のために、狭い世界しか見られないのであれば、そこは私たち八王子つばめ塾の出番です。たくや君は受験生のときに、ある定時制高校を見学しましたが、

「見学したけど、勉強しているようには見えなかった。進学するなら、ちゃんと勉強したい」と言って、自分の意志で通信制高校に進学しました。高校在学中にアルバイトしていた小売店で、そのまま正社員として就職し、一生懸命働いています。

家族思いのあゆむ君

冬期講習では食事の提供のほかに、いろいろなものをプレゼントしています。講習の教室の後方には、生徒が自由に好きなだけ持ち帰れるお米やパスタ、ノートなどが置いてあります。

あるとき、5人きょうだいの長男であるあゆむ君（仮名）が、なかなか帰らずに、トイレに行ったり、教科書をカバンから出したと思ったら、またしまったり、ソワソワしています。「どうしたのかな?」と思い様子を見ていると、彼以外の生徒が全員帰ったところで「先生、この残ったお米とパスタ、全部持って帰っていいですか？」と聞いてきたのです。

本当に親孝行な子だなと感動しました。「家族のために目いっぱい持って帰りたい。でも他の子も持って帰るかもしれないし、ちょっと恥ずかしい」。先ほどのソワソワは、こんな思いが巡っての行動だったのだと思います。家庭はきょうだいが多くて、かなり困窮しています。私もよくこの家には、ボランティアさんと一緒に、お米を届けています。

あゆむ君は工業高校を卒業して、今は高卒で一生懸命働いています。彼の姿を見ていると、「こういう子が、世の中をよくしていくんだろうな」と希望が持てます。自分が厳しい環境にいて、いろいろな思いをするからこそ、人の悩みや苦しみが分かるようになるのだと思うからです。

フィリピンからきたアンドレアさん

アンドレアさん（仮名）は、中学1年生の5月にお母さんに連れられて、フィリピンから急遽《きゅうきょ》日本にやってきました。お母さんが日本人男性と再婚したからです。ただ、新しいお父さんが体調を崩してしまい、困窮が始まりました。彼女は、性格が穏やかで、とても真面目な生徒でした。

コツコツ勉強をして、国語と社会が「3」、理科と数学が「4」、英語はもちろん「5」という立派な成績を収めました。私は社会科を教えていましたが、来日2年で、漢字と47都道府県をよく覚えたなと感心しました。急に異国の地に来ることになって、本当に大変なことだったと思います。

このように、外国籍にルーツを持つ生徒を応援できるのも、個別指導を基本としている、八王子つばめ塾の強みです。アンドレアさんは、都立高校に帰国生徒枠の推薦入試で合格しました。事前に行った八王子つばめ塾の「推薦入試練習会」では、面接担当の講師が驚いていました。「英語が流暢《りゅうちょう》なのは当然としても、内容がとても深く、中学3年生とは思えない」との評価でした。現在では日本の私立大学に進学し、教育学を学んでいて、成績も優秀です。

生徒の保護者たちのこと

八王子つばめ塾の子どもたちは、経済的に苦しい状況に置かれています。しかし、はた目からはなかなかご家庭のご苦労をうかがい知ることはできません。読者のみなさんに、その苦労の一端を知っていただくための参考として記します。

ひとり親家庭のケース

◇正社員でも貯金ができない

2人きょうだいを育てるお母さんは、食品関係の企業で正社員として働き、市営住宅に家族3人で住んでいます。給料から生活費を引いたら、毎月5千円ほどしか残らないといいます。児童手当を子どもたちのために使ったり、将来のために少しずつ貯金したら、塾代など全く払えない状態です。

◇仕事が忙しくて三者面談に行けない

ダンプカーの運転手の仕事が忙しく、中学生の子どもの三者面談に行けないお母さん。夕方5時までに学校に着くことが困難でした。面談のためだけに休みは取れません。休みを取ればその分だけ給料が減らされるからです。早めに仕事が終われば中学校に行けたのですが、結局、中学3年生の、進路を決める三者面談には、行けずに終わってしまったそうです。

共働き家庭で多子世帯のケース

◇両親とも正社員の共働きだが……

お父さんが介護職、お母さんが保育士として働いています。2人とも正社員ですが、子ども3人の塾代を出す余裕はありません。全業種の平均給与と比較すると、介護職は月給で4万円以上[1]、保育士は月給で10万円以上[2]も低いというデータがあります。両親ともに正社員でも、業種によっては塾代までは出せないのが現状です。

◇食べ盛りの5人きょうだい

お子さんを5人育てているご家庭。ちょうど食べ盛りのお子さんばかり。お父さんも一生懸命働いていますが、なかなか給料が上がらない状況です。コロナ禍で収

1　「全産業平均賃金と介護職との賃金格差は約4万円に／NCCUアンケート調査」（(独) 労働政策研究・研修機構）
2　「保育士の現状と主な取組」（厚生労働省）

入が減ったときには、お母さんは1日1食でなんとか過ごしたそうです。

外国籍にルーツがあるケース

◇日本語が全く通じず……

フィリピン出身のお母さんが子どもを育てていましたが、離婚したお父さんから入塾申し込みのメールがきました。お父さんは、塾とお母さん・子どもとの単なる連絡役です。入塾説明会にはお母さんが来ましたが、全く日本語が通じず、子どもが簡単に通訳をしていました。進路決定の際は、複雑な「都立高校入試」の仕組みが全く理解できていない様子でしたので、子ども本人だけで進路の出願などをしていて、なかなか苦労していました。

◇小学5年生で来日

お父さんがオーストラリア人、お母さんが日本人でした。オーストラリアでお父さんが失業し、仕方なく一家で日本へ。子どもにとっては小学5年生頃の来日で、日本語の習得にかなり苦労しました。中学3年生でも十分な「漢字の読み書き」ができず、悔しがっていました。

子どもは、「オーストラリアは基本的に希望すれば高校には進学できる。でも日本は高校受験も厳しいし、行く高校によって、将来の進学や就職がほぼ決まってしまうと思う。僕は日本に来るのが遅かったので、漢字の理解もまだまだだし、この状態で受験を迎えるのがとても悔しい」と言っていました。

多様な経歴のボランティア講師たち

ここで、ごくごく一部ではありますが、八王子つばめ塾のボランティア講師を紹介します。

往復5時間かけて来てくれた淡浪先生

淡浪《あわなみ》先生は関東近県の出身です。小さい頃にお父さんが亡くなり、お母さんが育てていましたが、そのお母さんも失踪したため、農業を営む母方の祖父母が一生懸命育ててくれたそうです。私立の中高一貫校を卒業し、八王子の大学に進学して、大学の近くに下宿をしていました。２０１３年12月の夕方、自宅で寝っ転がって煎餅を食べながらニュース番組を見ていたところ、八王子つばめ塾を取り上げたニュースが流れました。驚いて起き上がり、「こんなボランティアがあるのか！」

とすぐに応募してくれました。

大学生の間はボランティア講師として一生懸命に生徒を指導し、卒業と同時に就職しました。ところがそれからも、会社の寮が千葉県にあるにも関わらず、毎週日曜日に往復5時間をかけて教えに来てくれました。私が、「どうしてこんなに時間をかけてまで、ボランティアに来てくれるの？」と聞くと、「会社のくだらない飲み会に出るより、よっぽど楽しいので」との答えでした。

この淡浪先生の返答からはボランティアを優先する生き方を感じられて、個人的には大好きです。仕事最優先の世の中にあって、ボランティアをしてくれることを本当にうれしく思っています。経済的に苦しい家庭の子たちにとって、ほとんどの大人が仕事最優先で動いてしまったら、どうしようもありません。このように子どものことを優先してくれる貴重な社会人に感謝したいです。

淡浪先生はその後、大阪に転勤しても、大阪で開催されている無料塾の講師をしてくれたり、ふるさと納税でお米を八王子つばめ塾に届けてくれたりと、協力を続けてくれています。

英語が堪能な河合先生

河合先生は、アメリカ留学経験のある女性で、企業や大学の英語研修、資格取得講座の講師などを務めていた方です。お子さんを都立高校に入れた経験もあることから、英語の講師や高校生クラス、事務局スタッフをお願いしています。今ではお仕事が忙しくなってしまい、八王子つばめ塾の講師としての第一線からは退かれましたが、オンラインで八王子つばめ塾の事務を手伝ってくれています。

実は河合先生は、お子さんが中学生の頃に、自分の子どもと近所の子どもに無料で英語を教える塾を開いていたという経験も持っていました。中学生の学力の伸び代を目の当たりにして、中学生を教えたいと思い、八王子つばめ塾のボランティア募集を見つけて応募をされました。

河合先生と初めて面談したときのことは、とても強く印象に残っています。初対面にも関わらず、６時間も教育に関して語り合ったのですから。もちろん講師をお願いするとともに、事務のお手伝いについてもお願いしたところ、ワクワクした面持ちで快諾してくれました。

大手企業でバリバリ働く尺長先生

尺長先生は、大手企業で働く社会人男性です。初期の頃からボランティア講師として参加し、８年ほど続けています。私と同じく、ボランティアを長く続けようという気持ちが非常に強い先生で、ふだんの八王子つばめ塾の授業ばかりか、合宿の講師も担当し、自分の時間を惜しげもなくボランティアに費やしてくれます。

授業の後に、尺長先生とはよく仕事の話になるのですが、「仕事は給料が一番のモチベーションなんだから、しっかり給料を上げてほしい！」というスタンスの人なのです。では、お金にがめつい人なのかというと、決してそうではありません。今までの活動にかかった交通費だけでも、相当な額になるでしょう。しかし、ボランティアにおいてはお金のことは全く気にせずに子どもたちに尽力してくれています。

そんな尺長先生ですが、初めは漠然とした気持ちで講師をしていたそうです。しかし、同じ八王子つばめ塾の講師の「今、子どもたちに勉強を教えることですぐに何かが変わるわけではないけれど、学力の底上げに少しでも貢献することが、10年後、20年後の日本の未来への投資になる」という言葉を聞いて、ボランティア講師を続けようという気持ちが明確になったといいます。

しっかりと仕事を持って稼いでいる方が、一方ではしっかりボランティアをしてくれるという、尺長先生の姿勢はある種の理想だと思っています。

制服姿に笑顔ほころぶ

講師のモチベーションを維持するためにも、生徒のやる気は欠かせません。せっかく時間を作って教室まで来たのに、生徒がみんな居眠りしていたら「なんで、こんなところにボランティアに来ているんだろう」と、モチベーションは間違いなく下がります。

勉強のできる・できないや成績のよしあしを気にしないのも、有料塾との違いです。八王子つばめ塾に通う生徒の中には、勉強がかなり苦手な子もいます。けれども、「教える子どもたちの学習レベルが低いから、ボランティアをやめよう」などと思う講師は、八王子つばめ塾には誰1人としていたことがありません。生徒が勉強すること、それこそが講師のモチベーションの源泉になっています。

その講師のモチベーションをいっそう高める写真があります。

八王子つばめ塾では、高校に進学した塾生に教科書代を補助する「教科書奨学金」

として2万円を支給しています。受給する生徒には1つだけ条件を課しています。それは「合格した高校の制服を着た写真を、八王子つばめ塾に送ること」。その写真を全講師へ送ると、高校の制服を着た生徒を見て「私が教えたあの子が、高校生になれた！」「あれだけ苦労したけれど、希望の高校に受かってよかった！」と講師たちはとても喜んでくれます。

この、1年に1回届く高校入学時の写真が、またこれからも教え続けようという講師のモチベーションをなおのこと高め、モチベーションの維持に大切な役割を担っています。

好きなものをおなかいっぱい食べられる日を

参加費無料のＢＢＱ大会

２０２３年５月のゴールデンウィークに、八王子つばめ塾主催のＢＢＱ大会を４年ぶりに開催しました。お肉も飲み物も食べ飲み放題。このＢＢＱの費用は、八王子つばめ塾が全額負担しています。

私は、初めてＢＢＱ大会をやると話をしたとき、妻に「火をおこせるの？」と心配されるほどのインドア派です。しかも貧困家庭に育った私は、子どもの頃にＢＢＱをやったことなど一度もありません。地元の子ども会が開いたＢＢＱに参加した程度で、開催する側になるのは初めてでした。けれども「値段を気にせずお肉をおなかいっぱい食べたい！　ジュースも1杯といわず、何杯も思い切り飲みたい！」という希望だけは小さな時分からありましたので、同じ思いを抱いている子どももたちの希望をかなえるべく企画することにしたのです。

八王子つばめ塾BBQ大会の基本方針は、「生徒の家計には一切負担をかけずに、おなかいっぱい食べ、ジュースをたくさん飲んでもらうこと」。私もそうだったように、生徒は自分の家庭が困窮していることを理解しています。自分がわがままを言って、好きなように飲み食いすれば家計にも負担がかかり、親はますます困ってしまう。だから少しでも負担をかけないようにするためには、自分が我慢する。多かれ少なかれ、このような思いで日々を暮らしているのです。

もちろん「わがまま」をさせることに否定的な意見もあるかと思いますが、それは、貧困を経験したことのない人の意見です。

八王子つばめ塾の子どもたちは、ゴールデンウィークや夏休みに家族でどこか遠くへ遊びに行くことなどほとんどありません。そんなことは、夢のまた夢かもしれません。だからせめて、八王子つばめ塾に通っている間くらいは、無料で勉強を教わって、たまにはお肉をおなかいっぱい食べるくらいの「わがまま」は味わってもらいたいと思うのです。同時に、世の中にはこんな大人もいるんだということも知ってもらいたいのです。私が子どものときには、味わえなかったからです。

　このＢＢＱ大会も、もしも国や自治体からの助成金があったり、委託事業を受けていたりすれば「肉なんてぜいたくだ。投入した税金を飲み食いに使うなんてもってのほかだ」と非難が寄せられるのは間違いありませんし、税金を使っているならば許されないことです。塾生・卒業生に「わがまま」をさせてくださる寄付者・支援者の皆さま、そしてボランティア講師には、深く感謝したいと思います。皆さまからのご寄付は肉と飲み物に変わって、確実に塾生のおなかに収まりました。そして、それはいずれ感謝という形で社会へと返ってくるでしょう。

　人は育てられたように育ちます。それは「応援されて育った人は、いずれ人を応援する人になる」ということと同義です。貧しかった13歳の頃の自分に教えてあげたいです。「社会には、思い切りジュースを飲ませてくれる大人がいるよ」と。

遠慮は禁物！　夏合宿と冬期講習のデリバリー

毎年、八王子駅前教室で行われる2日間の夏合宿と1週間の冬期講習では、生徒と講師の食事を出しています。夏合宿は2日間の昼食と夕食、冬期講習は昼食です。教室の近くにある松屋とガストからデリバリーしています。

夏合宿は現在は宿泊なしの2日間の通い合宿ですが、以前は1日で終わる夏期講習でした。初めての夏期講習では、妻がカレーライスを作ってくれました。それがきっかけとなり、夏期講習や冬期講習では食事を出すようになったのですが、参加する人数が増えてくると大がかりなことになりました。人数分のお米を炊いて、大鍋でカレーを作って……と食事作りを講師に手伝ってもらっているうちに、勉強よりも食事を作るほうに意識や人手を使うようになってしまい、「これは本末転倒ではないか」と思うようになったのです。

そこで「餅は餅屋、勉強は無料塾」ということで、夏合宿や冬期講習の食事はお店から買ってくるようにしました。できるだけ多くのメニューを用意して、生徒には値段を気にせず好きな食事を選んでもらいます。このときにこだわっているのが「遠慮なく選ぶ」ということです。私自身が貧困家庭に育ったため、外食ではとにかく値段を気にする子どもでした。「自分が食べたいものを頼みたいけれど、それを注文したらただでさえお金のない家から、さらにお金がなくなってしまう」。そういう気持ちで毎回ビクビクしている子ども時代を過ごしました。八王子つばめ塾の生徒たちは、多かれ少なかれそのような思いを経験している子どもが多いと思います。だからせめて八王子つばめ塾の合宿や講習で勉強しているときは、遠慮しなくてもいいよと言ってあげたいのです。

ちなみに、南大沢教室では宿泊付きの冬合宿を実施しています。こちらでは宿泊する施設の規則で出前を取ることができず、自分たちで食事を作らなければならないため、卒業生に食事作りの手伝いに来てもらっています。ここでも卒業生が活躍してくれるので、本当に八王子つばめ塾は人材豊富で、いつも助けられています。

何よりありがたいのが寄付金です。どんなに「八王子つばめ塾にいる間は遠慮せずにいてほしい」と思っていても、寄付金がなければ何もできません。松屋やガストのメニューを見ながらどれを食べようかと、うれしそうに迷う生徒たちを見るたびに、寄付者の方には本当に感謝の気持ちがわいてきます。

教育と福祉のはざまで

食費の代わりにお米をプレゼント

伸び盛り・育ち盛りの子どもがいるご家庭で、食費を必要以上に節約することは、子どもの体の成長にもよくないと思っています。しかし節約せざるを得ないのです。私も貧困家庭に育ったので、その状況はよく分かります。

私の子ども時代、家に父親がいる日の食卓には、おかずが3品以上並びました。

しかし父親が仕事でいないとき、夕飯の前に母は私に「お金がないから、今日のおかずは1品でもいい？」と聞くのです。いつも「それでいいよ」と答えていました。そんな日の食卓は、安い豚こまを醤油《しょうゆ》で炒めただけのおかずが1品。私はそれで、お金がないことへの耐性がついたと思っているので、母を恨んだことはありません。しかし、八王子つばめ塾の子どもたちが同じ境遇にあるのであれば、少しでもなんとかしてあげたいと思います。

そこで、八王子つばめ塾からお米やパスタを支援として贈ることで、その分浮いたお金をほかのことに使ってもらい、困難を乗り切ってほしいという思いで始めたのが、「お米プロジェクト」という名の食料支援事業です。経済的に困っている家庭への直接的な支援としては、お金と食料が一番です。

以前は寄付品として寄せられたお米を、希望する各家庭に手渡していましたが、大量のお米の保管や計量、梱包《こんぽう》、それに配送の手配のために郵便局へ持ち込んだりする手間が大変でした。今では、八王子つばめ塾に通う塾生には月に一度手渡しでお米を贈り、卒業生には半年に一度、10kgのお米をAmazonで注文し直接宅配しています。また同じ程度の頻度で、八王子つばめ塾の倉庫に保管している、寄付されたお米を配る会を開いています。

フードバンクからの支援

また近年広がりを見せている、フードバンク活動からの支援もあります。食品を製造・販売している企業で発生する、規格外品や賞味期限間近で販売できない食品などを引き取り、無料で福祉施設などへ提供する団体が八王子にも複数あります。現在も定期的に、フードバンク団体から支援をいただいています。

コンビニのローソンも、SDGsの一貫としてフードバンクへの支援を行っており、物流センターの商品で、賞味期限内ではあるものの店舗への納品期限をすぎたものを積極的に寄贈する活動をしています。ある日、それがフードバンク団体を経由して、八王子つばめ塾にも届いたことがありました。粉をお湯に溶かせばカフェモカや抹茶ラテなどができる無印良品のインスタントドリンクです。１袋３９０円で売られているもので、みんなびっくりして大喜びで持って帰っていきました。

念願の奨学金事業

八王子つばめ塾では、奨学金制度を設けています。すべて希望制で、返済不要です。対象となる中学生には通塾の交通費を支給し、問題集・参考書を購入してプレゼントしています。高校生向けには、お小遣い程度の月額３千円を支給しています。

卒業生の中には、高校までの交通費もアルバイト代で支払う、という生徒もいます。私も中学高校のときは小遣いなしでしたから、友人との付き合いには苦労しました。部活で遠方の試合に出るときにも交通費はかかります。だから、参考書を買ったり、部活の道具を買う費用に充ててもらいたいと思っています。いわゆる「普通の家庭」なら、多少の小遣いは親からもらえると思います。その代わりを、と思って奨学金制度を作りました。

大学生向けには、八王子つばめ塾の講師に限らず、何かしらのボランティアを行っていて、経済的に苦しい母子家庭や児童養護施設の出身者には返済不要の給付型奨学金を支給しています。自分が苦しかった経験をもとに後輩を導いてもらいたいと思っても、八王子つばめ塾の卒業生は、ボランティアをしている余裕などなく、学費を稼ぐためにアルバイトをせざるをえないという現実があります。そこで、支給する奨学金でしっかり学びつつ、八王子つばめ塾でボランティアをしてもらえたら、というアイデアが発端になって作りました。今ではその対象を他ボランティアまで広げています。

また、資格チャレンジ奨学金は、漢字検定や英語検定、ＴＯＥＩＣなど、ふだんの学校以外の勉強や資格にチャレンジするような意欲のある生徒に、受検代を全額負担するというものです。八王子つばめ塾には、数千円する受検費用を気にして受検をためらう子がとても多いです。

ふだんからお母さんが「お金がない……」と言っているところに、受けても受けなくてもよい資格試験を「受けたい」とはなかなか言い出せないものです。やる気と実力は生徒自身で用意してもらうしかありません。しかし、受検費用は社会全体で負担することができます。

また、八王子つばめ塾の卒業生が高校・大学へ進学したときに、教科書代として２万円をプレゼントする奨学金制度もあります。

実は、公的な助成や資金を八王子つばめ塾が受けると、これらの奨学金制度を実施できなくなってしまうのです。ＮＰＯ向けに限らず、公的な助成金や補助金には助成対象となる経費があらかじめ定められています。基本的に助成された資金をサービス等に変換せず、現金で支出することは認められません。ボランティアの対価としての出費であれば人件費として対象になりますが、単に現金を渡すだけでは公金の横流しになってしまうのです。

「教福中道」のバランスで

「教福中道」とは、私の造語です。

「教福」とは教育と福祉のことです。無料塾の運営はこの２つのバランスが大切だと思って、このような言葉で表しています。「中道」は、「極端に走らない中正の立場」と広辞苑《こうじえん》にもあるように、どちらかに極端に偏らない、という意味です。

無料塾の役割は「教育」の観点から言えば、「学力・成績を上げる」。このひと言に尽きます。「福祉」の観点から言えば、経済的に苦しい家庭への食料支援や子どもの居場所としての役割も塾と並行して担うことになります。

教育を突き詰めていけば、学力や成績が上がらなければ意味のない活動となってしまいます。逆に福祉を突き詰めていけば、勉強は二の次で、食事を出したり、居場所があればいいとなってしまいます。どちらも大切であるものの、どちらかを優先するものではなく、教育と福祉とを両輪のように回していくべきものだと考え、八王子つばめ塾の運営にも採り入れています。

都立高校に受からなければ、経済的な負担が増えることは目に見えています。「今日もよく来たね。10分間勉強できて偉いね」と褒めたり、寄り添ったりするだけでは済まない現実があるのです。とはいえ、その勉強や進学の基礎となる経済状況が極端に悪化し、日々のお米を買うのも厳しいという家庭に、「うちは塾なんで、生活のことは知りません。ご自身でなんとかしてください」と突き放すのも、やはりだめだと思うのです。

だからこそ「教福」のどちらか一方に偏らずに、どちらも、ある程度は面倒を見るというバランスを大事にしていきたいと考えています。その体制を取れるのが、八王子つばめ塾の長所です。これもすべて、ボランティア講師、寄付者、支援者のおかげであり、感謝してもしきれません。

寄付者・支援者の方たち

苦学の末に経営者となり、引退されたK・Tさん

八王子市内に住むK・Tさんは中学生の頃から苦学を重ね、定時制高校を中退し、大学入学資格検定（大検）に合格。その後は医療系専門学校と夜間大学の電子工学部を卒業し、大手企業の開発設計部門に就職しました。そして30歳で自ら株式会社を起業した経歴をお持ちです。

67歳で第一線を退かれてから、経済的に厳しい家庭環境で頑張っている子どもたちのために少しでも役に立ちたいと思い、子どもの支援を行っている団体をインターネットで調べたところ、多くは国や自治体の助成を受けていたそうです。

「それなら、個人が寄付することはない。どこか独立独歩《どくりつどっぽ》で運営している団体はないか」と思いながら検索を続けたところ、八王子つばめ塾にたどり着きました。

「なんだここは、全く公的資金の助成を受けていないではないか！」と驚かれたK・Tさんから「寄付をしたいので、見学したい」と連絡をいただきました。ちょうど、バス代が出せない生徒への通塾交通費を支給するために、中学生奨学金の制度を作ろうと考えていたときでした。見学に来たK・Tさんに、「交通費を出してあげたいのです」と申し上げたところ、「事務局長の考えに沿って使ってください」と寄付をいただいたことが後押しとなり、中学生奨学金が実現できました。

K・Tさんの寄付のありがたいところは、「団体の身の丈にあった寄付」をしていただいているところです。K・Tさんは寄付をする前に、こうも語ってくれました。

「今、八王子つばめ塾に何千万円も寄付してしまったら、きっと余計なことにお金を使い始めるでしょう。必要な資金ならいくらでも提供しますが、団体がおかしくなるような寄付はしません」

この言葉には私も同感です。八王子つばめ塾への寄付を皮切りに、K・Tさんは全国の無料塾に資金を寄付する社団法人を立ち上げ、今では複数の無料塾に寄付をされています。

亡き父が縁をつないでくれた数井先生

数井《かずい》学《まなぶ》先生は、地元八王子で訪問医療のクリニックを運営している医師です。八王子つばめ塾には、北野教室の会場を提供してくれています。きっかけは、八王子つばめ塾のことを新聞で知り、会場を提供したいとメールをいただいたことでした。塾の説明をしにクリニックを訪問したとき、「今、八王子つばめ塾は一体何に困っているの？」と聞かれ、「おかげさまで生徒も講師も順調に集まっています。寄付金もありがたいことに集まっています。まあ、私が非正規雇用《ひせいきこよう》になってしまい、食いぶちが心配なことくらいですね！」と笑って答えたところ、「そうなの？　ではうちに週1日、アルバイトに来なさい」と言ってくれたのです。

驚いた私が、「先生、私は医療事務の資格も持っていませんし、何より、八王子つばめ塾の夢を語ることと、世界史を教える以外、何の能もない人間です」と答えると、「いや、いいんだよ。医療事務の補助をパソコンでやってくれれば。習えば誰でもできる仕事だから」とのことでした。

こうしてクリニックでアルバイトをすることになり、カルテの整理など、少しずつ仕事を覚えていたとき、数井先生は私にこう語りかけました。

「僕はこんな雑用のためだけに君を雇っているのではないんだよ。君の本来の仕事は八王子つばめ塾なんだから、午前中はクリニックの仕事をして、午後は八王子つばめ塾に行って塾のことをやりなさい。それが業務命令だ」

私は思わず絶句しました。たった週1日だけの仕事に雇ってもらえること自体、世の中にそうそうあるわけではなく、とてもありがたいことなのに、勤務時間内に塾の作業をしてもいいなんて、最初は信じられませんでした。数井先生は続けます。

「君はバカだよねぇ。子どもたちのために、自分の仕事まで放り投げて。でも、世の中には、そういう人が一定数いるんだよね。小宮家の家計の安定が八王子つばめ塾の発展につながると思うから、応援させてもらうよ」

実は、私の父は自宅で亡くなったのですが、父の在宅医療でお世話になっていたのが、数井先生の経営するクリニックだったのです。亡くなった朝、来てくださったのが数井先生で、少しだけ顔を合わせたことがあったのです。

会場提供の申し出を受けてあいさつに伺った後に、そのことを母に報告したら、

「数井先生？　お父さんをみとってくださった先生じゃないの！」と言われ、驚きました。数井先生に後日報告したところ、「え？　あの白髪の、小宮さんの息子さん？」と、お互いに驚きました。

数井先生との縁は、今でも空から八王子つばめ塾の活動を応援してくれている、父がつないでくれたものだと感じています。

たい焼き屋の社長の佐藤さん

八王子つばめ塾の運営は寄付金でまかなわれていますが、資金以外での寄付をしてくださる支援者も数多くいらっしゃいます。その１人に、八王子つばめ塾からほど近い場所で、地元でも評判のたい焼き屋「たいやき亭ミニ・エンジェル」を経営している社長の佐藤悦子さんがいます。お母さんとして子育てもされた佐藤さんは、八王子つばめ塾の子どもたちのために無料でたい焼きを贈ってくれるのです。

そのお店では、売れ残ったたい焼きをすぐに冷凍しており、これを子どもたちに寄付したいと周囲に相談していた話が、巡り巡って私のところに伝わりました。

私がぜひお願いしたいと申し出ると、佐藤さんは「賞味期限が切れる前に、クール宅配便で送ります」と快諾してくれました。私がたい焼き希望者の塾生・卒業生の住所リストをデータで送ると、寄付分のたい焼きが出るたびに自宅へ、しかも送料も会社負担で贈ってくれるのです。住所リストの備考欄に「カスタード入りのたい焼きが大好きです」と書いてあった女の子には、カスタード入りのたい焼きだけを贈るように配慮までしていただいて、本当にありがたく思いました。

ある日、あるお母さんから「たい焼きに、ちゃんとおいしく食べるための説明書きが入っていてうれしかった」とお礼の言葉をもらいました。実は私は、たい焼きがどのように各家庭へ贈られているのか知りませんでした。だから「説明書きとは何のことだろう？」と思ったのです。するとお母さんはこう話してくれました。

「おいしいたい焼きをいただいたことも、もちろんうれしかったのですが、たい焼きをおいしく食べる調理法の載った説明書きもちゃんと収められていました。たい焼き屋さんが、インターネットで販売しているたい焼きと全く同じものを贈ってくれて、購入されたお客さまと同等の扱いをしていただけたことに、思いやりが伝わり感動しました」

お母さんはきっと、これまでに「寄付なんだから、これで我慢しておけ」と思わせるような、単に空腹を満たすだけのようなものを支援としてもらった経験があったのでしょう。だからこそ、おいしく食べてほしいという思いのこもった、一般に販売される商品と同じものを贈ってもらったことに喜んだのです。それを聞いて私は、佐藤さんの深い思いやりに、支援とはまさにこういうことだと改めて感激したのです。

子どもたちの成長を感じる瞬間

教育はなぜ必要か？

私が教育実習生として母校の高校に行ったとき、高校時代の恩師に指導教員を担当していただきました。恩師は私にこのような質問を投げかけました。

「小宮君、教育はどうして必要なのだと思う？」

私はその場で答えられませんでした。恩師は私を見ながら教えてくださいました。

「それはね、教師や親はいつまでもそばにいてあげられないからだよ。永遠に生きていられるなら、隣で教科書をめくってあげればいい。でもそれはできない。だから、子ども自身が学んだり、生きていけるようになるために、教育が必要なんだ」

そのときは「そうなのか」くらいにしか思いませんでしたが、あれから四半世紀がすぎ、八王子つばめ塾を運営している今、恩師の言葉の意味がよく分かります。

少しずつ自立していく子どもたち

子どもの成長とは自立なのです。入塾当初は、ぼうっとしていて、塾に来ても何をどう勉強していいのか分からず、講師に頼りきりの子が多いです。しかし夏をすぎた頃から、塾で何をやればいいのかが明確になり、黙々と問題を解く子が多くなっていきます。その姿を毎年目にしていると、少しずつ自立していくんだな、と頼もしくなります。

また、自立に欠かせないのは、自ら発信することです。「小宮先生、夏期講習はいつからいつまでですか？　中学校の講習と重なるかもしれないので」とか、「模擬試験の成績を見てもらっていいですか？　○○高校を受けたいと思っているのですが、他の高校に変えた方がいいと思いますか？」など、中学3年生になると、しっかりと質問を発信できる子が増えてきます。

毎年秋には、中学3年生向けに「都立高校入試説明会」を実施し、その際に親子面談も行います。そこで「塾での勉強はどうですか？」と生徒に聞くと、「英語が分かるようになりました。数学は応用問題が苦手でしたが、かなり解けるようになりました。解けなくても、解説を読めば理解できるようになりました」といったように、自分の状態を自分で確認・説明できるようになる子も出てきます。

高校進学後に花開く子が多い

高校に進学した後は、自分で勉強していかなければなりません。いつまでも八王子つばめ塾の講師は隣にいてくれないのです。高校入学後には、必要以上に連絡を取らないようにしています。たまに、連絡くれる子もいて、うれしいことはうれしいのですが、しっかり自立した高校生になってもらいたいという思いから、頻繁にはやり取りしないようにしています。

高校入学後は成績が伸びる子が多く、保護者の方も喜んでくれています。公立中学校では有料塾に行く子もかなり多く、ある意味お金で「下駄《げた》を履かせてもらった」状態で成績を伸ばしている子と一緒に学ぶため、学力の差が大きくなりがちです。そのために、八王子つばめ塾の生徒・家庭はどうしても不利になります。でも、同じ学力の生徒が集まる高校では、八王子つばめ塾で身につけたコツコツ勉強をする習慣のおかげで本領を発揮し、成績が上がる子が多いのです。

自分で生きる道を選び、それに向かって努力を重ねていく。その自然な成長を見守り、もし生徒が迷ったときには相談できる場所として、八王子つばめ塾がセーフティーネットのように存在できたらと思います。

今後の目標

課題は高校生への支援

八王子つばめ塾の運営を11年間続けた今、新たな課題として捉えているのが「高校生への支援」です。

東京都では4年制大学への進学率が7割を超えていて、その東京にある八王子つばめ塾の生徒たちの進学意欲も高まっていると感じます。八王子つばめ塾を卒業した高校生に進学についてアンケートを採り、進路結果と進路希望を集計すると、就職が３割、専修学校（専門学校）が３割、４年制大学が４割という結果になりました。

２０２２（令和４）年度の「学校基本調査」によると、東京都の高校卒業生の進路データは、就職率が４・８％、専修学校（専門学校）への進学率が16・４％、通信制課程を除いた４年制大学・短大への進学率が71・５％です。このデータと比較すると、八王子つばめ塾の卒業生の就職および就職希望率はかなり高く、４年制大学への進学および進学希望率は低いのが見て取れます。大学進学の経済的負担と、小中学生のときの学習環境の影響が如実に出ている気がします。

今、八王子つばめ塾が行っている高校生への支援は「奨学金」「食料支援」「学習支援」の３つです。

奨学金は、高校までの通学費や部活での活動費に充ててもらうためのお金として、月額３千円を支給しています。

食料支援は、半年に一度、10kgのお米を送っています。お米を取りにきてもらう

「お米お配り会」は、高校生になった卒業生までが対象です。

学習支援としては、高校生専門の「大学受験クラス」を設けています。高校２年生の３月から入れる、大学の一般入試を目指して勉強を進めていくクラスで、設立以来設けています。また、２０２３年４月、「高校生プラス」という名称で、中学生クラスの教室の隅を自習室として使えるように、八王子つばめ塾を卒業した高校生へ開放しています。メインで教室を使っているのはもちろん中学生ですが、中学生を教えている講師の隙間時間などに、高校生も質問できます。

進路の複雑さゆえの難しさ

今は、大学の一般入試を受ける子がどんどん減っています。その代わりに学校推薦型選抜の指定校制（旧指定校推薦）や総合型選抜（旧ＡＯ入試）の割合が増えています。通学している高校での評定平均が大きく影響してくるため、単に英語や数学が一定以上できれば推薦が取れるというわけでもありません。さらに、高校によってレベル差が大きく、生徒の通う高校のレベルに合わせて塾の授業内容を対応させるのが難しいという実態があります。

卒業した高校生の多くが「中学の勉強は完璧に分かっていて、高校の勉強だけを教えてほしい」という生徒ではないため、自然と中学時代の学習内容のやり直しにかける時間が大部分を占めます。しかし、定期試験となれば、当然、高校レベルの問題が出題されるので、とたんに教える内容が高度になります。ふだんの勉強とテスト対策の勉強とのレベルの乖離《かいり》が、中学のときより格段に大きいため、教えるのがとても難しいという課題を抱えています。

八王子つばめ塾の中学生のほとんどは都立高校を受験しますので、指導の目標も都立高校受験対策でほぼ一本化できます。都立高校入試で問題をどれだけ解けるようになるか、どうすれば1点でも点数を上げられるかに注力すればよいため、講師側もやることがはっきりしていて、楽と言えば楽なのです。一方、高校生の進路は、

「就職」「専門学校」「４年制大学」「短期大学」の４つに大きく分かれます。就職するのか、進学するのか。進学ならば専門学校なのか、４年制大学や短大なのかと細かくなっていき、それぞれに指導方法や勉強対策も変わってきます。さらに家庭の事情によって、進学資金が出せなくて諦めるといった話はざらにあります。その複雑さが活動を難しくしています。

生活の安定を最優先に

だから、八王子つばめ塾では今のところ、食料や奨学金による支援、言い換えれば進路を考える手前の「生活」の部分を少しでも安定させられるような一助を行っています。

奨学金の支給可否を判断する際には生徒とLINEでやり取りし、必要なら塾もしくはファミレスなどに来てもらって、進路に対する考えを聞いたり、公的な奨学金などのアドバイスをしたりと、最低1年に1回はヒアリングをしています。ただ、このままのやり方でいいのかという悩みはあります。

八王子つばめ塾の生徒たちは、高校卒業後に親の資産で遊んで暮らせるなんてことは絶対にありません。目下の家庭の経済状況から、まずは定期的な収入を得られる労働者になって生活基盤を固めるところから始めなければならないでしょう。そのためには就職をするにせよ、進学するにせよ、「就労意欲」は高めなければならないと思い、どのようにサポートするべきかを考えています。

2023年の9月には、初めての試みとして「八王子つばめ塾就職フェア」を開きました。これは、八王子つばめ塾の卒業生や元講師がスピーカーとなって、教師、公務員や保育士など、いろいろな業種の人から仕事に関する話をしてもらおうという企画です。高校生や中学生に働く大人たちの声を直接聞いてもらい、「こんな仕事があるんだ」とか「ひとくちに公務員といっても、幅広い仕事があるんだ」と考えるきっかけにしてもらいたいと思っています。

無料塾を全国へ

詳しくは第3章で述べますが、無料塾をどうやって各地へと広げていくか。これも大きな課題の1つです。

これまでは、無料塾を運営する団体をゼロから立ち上げる意気込みのある人に、八王子つばめ塾のノウハウをどんどん教えていき、「弟子」を増やすことで広げてきました。これまでに40以上の無料塾が全国各地で活動しています。しかし、この「弟子方式」にも限界が近づきつつあるとも感じ始めています。

無料塾の運営団体を立ち上げるとひと言でいっても、やるべきことはたくさんあります。寄付などが集まるようになるまでは設立者自身で多少の資金を確保しなければなりませんし、何より一番苦労するのは「生徒集め」です。ただ無料塾を始めただけでは誰も集まってくれません。運営団体を作るのと同時に、広報活動も一からやらなくてはならないのです。なかなかにパワーのいることですから、そのような人が現れるまでには時間が必要になってしまいます。

これまでは「地域の子どもは地域の大人が育てるべき」との考えから、八王子つばめ塾の活動地域を八王子市の外へ広げる気はなかったのですが、今では八王子つばめ塾の多拠点化も視野に入れています。運営はそれぞれの地域の方が行い、八王子つばめ塾からは「名称」「運営ノウハウ」「活動経費」を提供して、子どもに教える・関わることに集中してもらえる環境を整えようと思っています。

英語のスピーチコンテストで学校代表になっためぐみさん

めぐみさん（仮名）が小学生の頃から、いろいろと相談に乗っていました。彼女のお母さんは看護師として安定して働けていたため、母子家庭ではありましたが生活には全く困っていなかったそうです。ところが、お母さんが難病にかかってから仕事ができなくなり、貯金を取り崩す生活が始まりました。

どれくらい困窮していたのかと入塾後に聞いたところ、「スーパーへ行き、段ボールに捨てられているキャベツの一番外側の葉っぱを拾って買い物かごに入れ、そのまま総菜コーナーに行って、天ぷらを並べたトレーの下に落ちている天かすをパックに入れて、ほとんどお金を使わずに買い物をしていた」と言うのです。この時代にこんな厳しい環境の子どもがいるのかと、本当に驚きました。

当時は中学1年生から入塾できたので、3年間しっかり八王子つばめ塾に通いました。とても真面目で、コツコツ勉強し、それでいて素朴な明るさを持つめぐみさんを象徴するような、思い出深いエピソードがあります。

八王子つばめ塾の英語クラスの講師が「英語のスピーチコンテストに出てみようよ！」とクラスの生徒に呼びかけたところ、めぐみさんもやる気になりコンテストの練習が始まりました。ところがそのコンテストは、各中学校の出場枠が1名ずつで、校内選考が行われることになったのです。しかも相手はイギリスに短期留学経験のある子だと言います。彼女の住んでいる地域は、八王子の中で比較的収入層の高い地域でした。友人との付き合いにも苦労しているらしく、お金がかかる遊びに誘われた際は、「その日は、親と出かけるから行けない」と言っていつも断っていたそうです。そんな地域柄ですから、留学経験を持つ子もいるのでしょう。

勝てるだろうか……と心配になりましたが、英語クラスの講師はアメリカ留学経験もあり、発音は完璧に指導できます。スピーチの内容は、「親が難病にかかり、困窮が始まって苦しかったけれど、八王子つばめ塾に入っていろいろなボランティア講師と話すことで、不安を取り除くことができ、助けてもらえた」というストーリーです。

そして校内選考の結果、彼女が学校代表としてスピーチコンテストに出場することになりました。その話を聞いて、私は思わずガッツポーズをしました。スーパーでキャベツを拾ってくるような厳しい生活をしていた子が、留学経験のある子に勝ったのです。無料塾の可能性を確信した瞬間でした。

中学を卒業後、めぐみさんは地元八王子の都立高校に進学し、そこで生徒会の会長を務めるなど活躍しました。今は、臨床検査技師《りんしょうけんさぎし》になるべく3年制の短期大学に通い、学年で一番の成績を収め、自身の夢に向かって努力しています。また、勉学で忙しい日々の合間をぬって、都立高校受験直前の社会・理科講習の臨時講師として八王子つばめ塾に来てくれたり、東京つばめ無料塾のオンライン講師として、中学生の指導に当たってくれています。

第2章
なぜ私は「無料塾」を立ち上げたのか

八王子つばめ塾の設立には、
私自身が子どもの頃に経験し、
その後世界各地で目の当たりにした「貧困」が
とても密接に関わっています。
私や私の家族の歴史をひもときながら、
無料塾を〝立ち上げざるを得なかった〟理由を
述べていきたいと思います。

生い立ちについて

受験直前、記憶をなくした夜

私が高校3年生の12月、大学受験本番まであとわずかというある夜のこと。自宅で勉強をしていると、襖《ふすま》の向こうから両親の会話が聞こえてきました。

父「そういえば、うちに今、金はいくらあるんだ？」

母「８００円しかないわよ」

わが家は収入の少ない家庭でした。銀行の貯金などほとんどありません。家にある８００円は全財産と言ってもいいでしょう。勉強の手は止まり、１人でつぶやきました。「え、８００円でこれから一体どうするの」と。そう口走った瞬間に頭の中で何かがパチンと切れた音がして、陸上部のジャージを着ただけの格好のまま、家を飛び出して走りだしました。それから1時間後にゼイゼイと息を切らしながら家に帰ってきたものの、その間の記憶がさっぱりないのです。今でも、どこをどう走ったのか、どの道を通って家まで帰ってきたのか、全く思い出せません。

夜中に帰って来た私を見た父は、「どこ行ってたんだ！」と、どなりました。父は怒りだしたらとにかく怖いので、口答えなどもってのほかでした。もとはといえば父が原因なのに、どうしてこっちが怒られるんだという気持ちでしたが、言い返すことなどできず「あ、いや、外で走ってました。すいません」と謝るしかありませんでした。いかにわが家の家計が苦しいかという事実を、受験直前に改めて突きつけられた出来事でした。

私が生まれ育ったのは、そんな貧困家庭でした。幼少期から、順を追ってお話しすることにしましょう。

字の書けない父と病弱な母

私の父は、字が全く書けない人でした。小学校も中学校もまともに行かず、現代で言う「不登校」や「ニート」だったのです。祖父[3]に連れられて歌舞伎の裏方の仕事を始め、そこで本を読んでようやく字を覚えましたが、書けるのは自分の名前くらいでした。そのため、祖父から手ほどきを受けた映像業界の裏方の仕事しかできなかったのです。

父が祖父から受け継いだものはもう1つありました。プライドの高さです。仕事には行くものの、現場で助監督からいろいろと指図されると「やってられるか！今までの5日間分の給料はいらねぇ！」と仕事をやめてしまうのです。この調子だったので、全くと言っていいほどお金が稼げませんでした。

そんな父でしたが、映像制作会社で働いていたときに、その会社で経理をしていた母と出会い、結婚します。江戸時代から続く魚屋の娘だった母は生来腎臓が悪く、

3　父方の祖父・多助は歌舞伎界では有名な、舞台の「小道具方（小道具を作る職人）」だった。長く六代目尾上菊五郎に付いていたという祖父の腕前はかなりのもので、その情熱と技術力の高さは専門誌に掲載されるほどだった（演劇出版社『演劇界』昭和43年2号）。

病弱だったために高校を中退しています。結婚当初は父の実家があった世田谷に住んでおり、そのさなかの１９７７（昭和52）年に私が誕生しました。第2次ベビーブームのピークが１９７４（昭和49）年で、多少減ったとはいえまだまだ子どもが多い時代です。それから世田谷で一家３人の暮らしが始まりました。

2歳のときに八王子の都営団地へ

私が2歳のときにアパートの家賃が上がったのを機に、家賃の安い都営団地の抽選に応募しました。当選したのは、思いもかけなかった八王子の都営団地です。父は相変わらず稼げていませんでしたが、貧乏が恥ずかしいなんて、ちっとも思わない人でした。仕事のあるときは、朝6時には新宿駅西口からロケバスに乗って撮影現場へ向かうため、４時に八王子の家を出ていました。だから私は、父が一生懸命に働いているのは知っていたのです。心の奥底では、家にお金がないこともあまり恨んではいませんでした。

魚屋を営んでいた祖父母の近くで育つ

八王子には、母方の祖父母が購入した家がありました。私たちが引っ越したときには、新宿にあった魚屋を閉め、すでに祖父母は八王子の家に移り住んでいました。当選したのは、その祖父母の家から自転車で20分程度の距離にある都営団地だったため、私は頻繁に遊びに行きました。

祖父も、わが家の近くの床屋に月に一度足を運んでいたので、床屋帰りにわが家に寄り、お酒を1杯ひっかけながら、いろいろなことを話してくれました。毎月のように話してくれたのが、太平洋戦争の体験です。

「地震や台風は自然災害だから避けようがないが、戦争は人間が起こすものだから、必ず人間が止めることができる。絶対に戦争はしてはいけない」

インパール作戦に従軍した祖父は、大変な苦労をして生き残り、帰国しました。そして最後には「悪いことをせずに真面目に生きなさい」と、毎月同じことを話してくれました。祖母は寡黙な人でしたが、祖父はかつて魚屋でお客相手に仕事をしていたので、とても明るく、常に冗談を言って笑わせてくれる人でした。私の楽天的な性格は、この母方の祖父が育ててくれたのだと思っています。

父の年収を悟った正月

小学生になると、毎年正月に「今年の目標を言え！」と父が言うので、私は「勉強を今年も頑張る！」とか「今年は漢字をたくさん覚える！」とか答えていました。その後、父も今年の目標年収を言うのが恒例でした。ほぼ毎年「今年は200万稼ぐ！」と言っていたので、つまり150万から200万円の間だろうと、子ども心に気づいていました。バブル景気の年、1回だけ「今年の目標は250万！」と父が宣言したことがあり、「おっ、去年は２００万を超えたのか！」と驚きました。

そんな、年収１５０万円くらいの非常に貧しい家だったのです。

また、父は少年野球のコーチをしており、稼がないくせに、子どもたちには練習後にアイスクリームを買って配ってしまうような人だったので、お金はほとんどない状態でした。

小学3年生で感じた格差

とはいえ、小学2年生までは、自分の家を貧困家庭とは思っていませんでした。

そのくらい、ボーッとした男の子だったのです。

よその家庭とわが家とを比べて「うちは貧乏なんだ」と初めて気づいたのは、小学3年生のときです。夏休みの自由研究に選んだのは「わが家の電気・水道節約調べ」。毎日、電気と水道の使用量の記録をつけ、気づけば「昨日は電気をあまり使わなかったぞ！　よし！」とガッツポーズをするまでになっていました。いかに物を使わないかという節約精神を母に徹底的にたたき込まれたたまものといえるでしょう。

都営団地に住むには所得制限があります。つまり、世帯収入で見れば似たり寄ったりのはずです。それでも、この夏休みの宿題をしながら、子ども心に格差を感じました。「あれ？　うちってお金ない家なんじゃないか？」って。

おもちゃを買ってもらえるのは、夏に1個、冬に1個で、1年で合計2個だけ。欲しかったレゴブロックはもちろん高根《たかね》の花です。私が手にできたのはおもちゃ屋でもらえるレゴブロックのカタログ。カタログに載っているカラフルなレゴブロックの完成イメージを見ながら、頭の中でレゴブロックを組み立てて遊んでいました。

小さじ２杯のミートソース

母が作ってくれるスパゲティは、もやしとピーマンしか入っていませんでした。それが私の家では普通だったので、スパゲティとはこういうもの、と思い込んでいました。小学校の給食で初めてミートソースのスパゲティを食べて「スパゲティには種類がある！　しかもおいしい！」と知るまで、スパゲティが大嫌いでした。

それからは母も、ミートソースのスパゲティを家で作ってくれるようになりました。けれども、１缶のソースは１人分ではなく、３人分×２回分。つまり１缶の６分の１しか１食には使えません。１人の１食分は小さじ２杯が限界。これじゃ少なすぎると、３杯目をかけると父に怒られます。もう、学校で食べる大好きなミートソーススパゲティとは別ものです。家でのスパゲティは色がつけばそれでいいのだと思っていました。

また、この当時の小宮家では、ジュースやサイダーが飲めるのは日曜日と水曜日の夜、週2回だけと決まっていて、そのとき以外は飲めないというルールでした。それも、そういうものだと思っていたのです。とある夏休みの昼下がり、学校のプール の後、うたた寝から目を覚ますと、目の前のテーブルに冷えたサイダーの缶とふかしたさつまいもが置いてありました。おそらく、ご近所さんからいただいて、母が置いてくれたのでしょう。何の変哲もないおやつですが、私はこのサプライズに狂喜乱舞しました。このことは、40年近くたった今でもはっきりと覚えています。

つらかった金曜日の夜

小学3年生で芽生えた社会的な格差への意識は、その後さまざまなところへ向くようになりました。団地の外に行けば、1台で数百万円するような高級外車がたくさん走っています。でも都営団地へ目をやれば、わが家をはじめとして、お金のない家がたくさんあります。「ほんとに、このままの暮らしでいいのかな」「外にはいくらでもお金を持ってる人がいる。それと同時に、わが家みたいにお金のない家がある。この差は何だろう」という疑問が生じてきたのもこの時期でした。そこから「このまま、ボーッとしてちゃいけないんだな」と感じ始め、自分から勉強をするようになったのです。

ＮＨＫの夜7時のニュースは、父と一緒に、必ず毎日見させられました。特に金曜日のニュースは、当時同じ時間に「ドラえもん」が放送されていたので、つらい時間でした。でも父は7時15分までは絶対にニュースしか見せてくれません。結局、ドラえもんを見られるのは2話目から。30分番組の半分しか見られなかったのです。

その習慣のおかげかどうかは分かりませんが、知らず知らずのうちに、社会の動向や、世の中の出来事が頭に入ってくるようになりました。これも小学3年生のときです。すると自然と、勉強もできるようになっていきました。

塾通いとは無縁の生活

勉強のほうはというと、小学校高学年の頃にはかなりよい成績を取れるようになっていました。ただ、学習環境は決して整っているとはいえませんでした。巨人ファンの父はよくテレビで野球を見ており、巨人の試合内容が悪いとテレビに向かってタオルを投げつけたり、「バカヤロー！」と叫びます。勉強しているのは襖《ふすま》1枚隔てた隣の部屋なので、そんな大声も勉強中に丸聞こえです。

母が内職で使うミシンと勉強机とは背中合わせで、椅子は1つだけ。つまりミシンを使うときには勉強机は裁縫用具の置き場になり、椅子もないので母の仕事中は自分の机で勉強できません。こんな狭い家で何かと不自由はありましたが、そんなときには食卓でノートを広げればいいし、勉強するのに苦労を感じたことはほとんどありませんでした。塾に行く必要性を感じることもありませんでした。

「無料塾の主催者だから、『塾至上主義』なのでは？」と、たまに誤解されますが、個人的には塾が必須だとか万能だとか思ったことはありません。生徒として塾に行ったことが一度もない人間ですから。逆に、一般的な学習塾のイメージがなかったおかげで、八王子つばめ塾を作れたのかもしれません。

小学校卒業後は、友人たちと同じように地元の公立中学校に入学しました。生徒の８割は同じ都営団地の子どもたちです。周囲があまり勉強しないので、ちょっと頑張れば５段階評定の５や４をすぐに取れました。生徒会では、会長を務めていました。

世界陸上と牛丼事件

中学校からは陸上部に入りました。数か月後、初めての試合に出ることになって、スパイクの値段を知ったときはとても驚きました。確か５４００円だったと思います。これまでの人生で安い靴しか買ったことがなかったので、靴に５４００円も出すのか、こんな金額を親に払ってもらうのは申し訳ないな、と思いました。でも両親はなんとか出してくれました。

陸上部でもう1つ、お金にまつわるエピソードがあります。中学2年生だった1991年に、世界陸上競技選手権大会が東京・代々木の国立競技場で開催されました。陸上部の顧問にチケットをもらって部活の友人と観戦しに行ったときのことです。世界のトップ選手の活躍を目にした後、競技場の周りのショップでお土産を買おう、という話になりました。友人は記念Tシャツなどを買っていましたが、余分なお金なんて私にはありません。ギリギリで買える安いものはないかと探し、手に取ったのがボールペン。200円のペン1本買うのが精いっぱいです。

帰りの交通費は残せたとホッとしたのもつかの間、帰り道におなかをすかせた友人たちが、代々木駅の近くで見つけた牛丼屋に立ち寄ることにしたのです。あとは帰るだけだ、もうお金を使わないだろうと思っていた私は慌てました。さすがに1人だけ食べないわけにも行かず、一番安い「牛皿」しか食べられませんでした。

小学校・中学校時代だけでも、貧乏にまつわるエピソードは尽きません。でも私は、家にほとんどお金がなかった13歳の頃の、自分の感性を忘れたくないと思っています。そして13歳の自分に胸を張っていられるような生き方を目指しています。もしも、八王子つばめ塾を立ち上げていなかったら、13歳の自分にこう、ツッコまれていたと思うのです。

「何だ、結局自分が幸せになればそれでいいのかよ。結婚して、子どもができて、正社員で、ボーナスまでもらえて。そうなると、都営団地に住むような俺たちことなんか関係なくなるんだな！」13歳の自分なら、間違いなくそう言っていると思うのです。その頃の自分に、今の私が答えます。

「いや、今こうやって、無料塾を開いているよ。正直、まだまだ力は足りないけど、毎日全力を尽くしているよ！」

「お前を大学に行かせる金なんか、1円もねえんだ！」

中学校時代は特に勉強で苦労することもなく成績優秀でしたので、塾にお世話になることもなく、八王子駅前にある都立南多摩高校（現在の南多摩中等教育学校）に進学しました。八王子市内の公立高校では上から2番目くらいの進学校です。

得意だった科目は世界史です。友達とテスト結果で学年トップをいつも争っていました。世界史はいくら勉強しても楽しく、これを職業にしたい、だから高校の教師になりたいと当時から思っていました。自分が目指す職業が見つかったモチベーションは、大学進学への気持ちを高めました。教師になるには、絶対に大学に行くしかない。そのためにはもっと勉強するしかないと心を決めました。

しかし、目指す進路の前に大きな障壁が立ちふさがります。受験を控えた高校3年生のとき、父親から「高校をやめろ」と言われたのです。当時の都立高校の授業料は毎月1万1千円。この金額が払えないから、高校を中退しろというのです。

大学に行く前に高校を卒業できなくなってしまうのはまずいと、すぐに先生に相談して、日本育英会（現在の日本学生支援機構）に奨学金の申請をしました。世帯所得が奨学金の支給基準を満たしているかどうかを計算すると、控除《こうじょ》額を引いた所得額は０円に。「これなら必ず奨学金がもらえる」と先生に言われました。毎月１万２千円を借りられることになり、それを高校の授業料に充ててなんとか卒業できるめどが立ちました。

しかしホッとしたのもつかの間、改めて大学に進学したいと父へ告げたところ、「お前ふざけるな！」と大声でどなられました。「お前を大学に行かせる金なんか、１円もねえんだ！」と言われて、私は「確かに、それはそうだな」と思ったのです。明日の米を買うお金をどうやって工面しようかと言っている家にとっては、大学の学費なんてとんでもない話でした。

当時（１９９５年）の４年制大学への進学率は32・１％（浪人生を含む）です。ちなみに現在（２０２２年）は浪人生を含めると56・６％が４年制大学に進学しています。南多摩高校では８割くらいが大学に進学していましたので、友人と進路の話になると中央大学に行きたいとか、法政大学に行きたいとか、大学進学前提での話が当たり前でした。一方の私は父親に進学を反対されています。１９４４年生まれの父が18歳のときは４年制大学への進学率が９・３％（浪人生を含む）しかない時代でしたから、大学なんてぜいたくだと思うのは無理もないことでした。

問題集に消えた真冬のアルバイト代

「お前に大学の費用が用意できるのか」と言う父を前に、このままでは大学へ行けないと思い、新聞奨学生になって学費を稼ごうと考えました。インターネットのない時代でしたから、新聞販売店に電話をかけて、話を聞きました。すると「あなたは教師になりたいと思っていますか？」と聞かれたのです。

教師になるのが大学進学の目的ですから、「教員免許を取って、教師になりたいと考えています」と正直に告げたところ、断られてしまいました。教職課程を履修するには、卒業に必要な単位のほかに、追加で授業を取らなければなりません。さらに教育実習で2週間ほど教壇《きょうだん》に立つ必要もあります。つまり、新聞配達ができない期間があるので新聞奨学生には応募できないというのです。結局、２つの新聞販売店で断られ、非常に落ち込みました。

しかし諦めるわけにはいかず、「大学へ行かせてほしい！」と両親に土下座して頼みこみました。両親はようやく「昼間に働いて自分で学費を稼いで、夜に学ぶならいい」と、当時はまだ多くの大学で開講していた「夜学であれば」と、大学進学を認めてくれました。高校を卒業したら就職して夜学で学ぼうと決めたものの、高校で友人と大学の話になると、皆、「学部はどこにする？」「サークルはどうする？」と昼間部への進学が前提です。

やはり昼間部で勉強したいと考えた私は、もう一度、両親に土下座をしました。両親はついに首を縦に振ってくれました。とはいえ、わが家にはお金がありませんから、母方の家の祖父母に相談して、入学に必要な資金を工面してもらうことになりました。母の実家は代々魚屋として商売をしている家だったので、全くお金がないわけではなかったのが幸運でした。

　またあるとき自宅で受験勉強をしていると、母から「進研ゼミをやってみたらどう？」と勧められたので入会しました。初回の教材と一緒に教材費の振込用紙が届きました。今でも金額をはっきりと覚えています。７万２千円でした。母に振込用紙を渡したところ、「ふざけるな。大学に行きたいと言ったのは誰だ！」と怒られました。自分で払えというのです。実は、高校２年生の冬に郵便局の年賀状配達のアルバイトをしていて、その給料が７万５千円だったのを、母は知っていたのです。

　わが家では毎月のお小遣いはもらえず、必要な出費があれば最小限の費用をそのつどもらうルールでした。自分で自由に使えるお小遣いを捻出《ねんしゅつ》するために、アルバイトで稼いだお金でした。その金額で確かにまかなえるので、極寒の中、自転車を走らせて得たアルバイト代は進研ゼミの教材になりました。

こうした勉強の成果が実を結び、中央大学と國學院大學《こくがくいんだいがく》の文学部史学科に合格しました。大学進学の目的は教師になることでしたから、教員就職者が伝統的に多いほうがいいだろうという理由で、國學院大學へ進学しました。

入学したけれど、教科書が買えない！

１９９６年の４月から、晴れて大学生としての生活が始まります。大学に入ってまずびっくりしたのが、教科書代です。なにしろ祖父も父も、大学どころか高校にも進学していなかった小宮家で初めて大学に進学したのですから、大学がどういうところなのか、全く分かっていません。履修登録を済ませて、大学生協の教科書売り場に並び、貼り出されていた値段表を見た瞬間、教科書が１冊３千円～４千円もすることに腰を抜かしました。

高校の教科書と同じくらい、せいぜい１冊７００円くらいをイメージしていたのです。「全然お金持ってないのに、買えるわけないじゃん！」と、サーッと血の気が引きました。

結局何も買えなくて、入学から1か月間は教科書を持たずに、「東洋史概論」などと講座名を表紙に書いたノートだけを持って、授業を受けました。一番困ったのは英語の授業です。指名されて「小宮さん、7行目から読んでください」と先生に言われても、教科書がないとどうしようもありません。慌ててそのときだけ、隣の席の友達に教科書を借りてしのぎました。

能力と意志だけでは進学できない

祖父や祖母に泣きつけば、教科書代なら出してもらえたとは思いますが、入学金や授業料をすでに全部負担してもらっていました。身内といえども、とても恥ずかしくて、これ以上「お金をちょうだい」なんて言う気持ちにはなれませんでした。

歴史研究サークルに入って昨日知り合ったばかりの友達に、「俺、お金ないから千円貸して」なんていうこともありました。彼も、「友達になったの昨日だよね？」と驚いていました。大学入学当初はそんな1か月間でした。5月には、奨学金や高校卒業後すぐに始めたコンビニのアルバイト代が振り込まれたので、教科書も買って、借りたお金も返して、なんとか普通の大学生活を始めることができました。

「どんなに能力があっても、どんなに意志が強くても、結局お金がなかったら進学できない」大学受験を志してから入学までの間、そう毎日感じ続けていました。それなりの進学校で、英語は全然ダメだったけれど、世界史だけは校内トップを争うくらいの能力は持ち、かつ進学したいという意志もありました。

でも高校3年で授業料が払えず中退していたら、高校を卒業できて入試に合格しても期限までに入学金が払えなかったら、それまでの努力は水の泡です。全額出してもらえた私はまだマシなほうです。アルバイト代と奨学金だけで学費をまかなっていて、「バイトしなかったら学費が払えない」と語る友達もいました。能力や意志だけで進学できるわけではないと、深く心に刻まれたのです。

そしてこの大学生活でボランティアに出会い、街頭での募金活動をはじめ、いろいろなボランティア活動に参加しました。お金に血眼になっている人の多い世の中で、無料で人のために奉仕している人たちがいることに、とても感激したのです。

もがき、人生を見つめ直した社会人時代

大学を卒業するときは就職氷河期の真っただ中で、まさに谷底の年でした。[4]この状況は教員採用試験も同じで[5]、東京都の教員採用試験を受けましたが採用されませんでした。しかし運よく、卒業直後に私立高校の非常勤講師の職に就くことができ、世界史の講師として4年間を過ごしました。

しかし、非常勤の仕事だけでは収入はどうしても安定しません。このままでは結婚もできないと思い悩みました。やっとつかんだ教師の仕事でしたが、知り合いか

4　卒業年となった2000（平成12）年３月は、求人倍率が0.99倍かつ大卒者の就職率は55.8％と、どちらも2023年に至るまでの最低倍率だった。

ら正社員の働き口を紹介してもらい、映像制作の仕事へ転職することを決めました。さまざまな場所に出向いて取材し、映像に収めるのが仕事です。この転職が、後に八王子つばめ塾設立の大きなきっかけとなったのです。

ウガンダで目の当たりにした、「レベルの違う苦しさ」

映像制作の仕事を始めてから1年後にアフリカのウガンダへ取材に行きました。27歳の春でした。取材先として向かったのは、１０００人もの孤児が暮らしている施設と、その施設内の学校です。また、ウガンダは１９８０年代の半ばから反政府勢力「神の抵抗軍（ＬＲＡ）」と政府軍との間で内戦が続いていました。取材当時は反政府勢力の活動が活発で、村々の家に押し入っては10歳～12歳の子どもたちを誘拐する事件が頻発していました。女の子は反政府勢力の司令官と強制的に結婚させられます。取材先で聞いた話では、ある司令官には「奥さん」が69人もいたそう

5　1999（平成11）年度の東京都の高校教員採用試験（教員採用候補者選考）の倍率は約15.6倍。なかでも地歴科・公民科の教員採用は極端に減り、1999年の東京都では応募者184名に対して採用者は１名（補欠採用者が２名）。倍率184倍という狭き門だった。

です。男の子は強制的に軍事訓練を受けさせられ、「少年兵士」として戦場へ送られます。その子たちは、中学生、高校生の年代を反乱軍の中で過ごし、銃を撃ち、人を殺すことを余儀なくされていたのです。

　取材先の施設で元「少年兵士」にインタビューをすることができました。私は音声係だったので、通訳がすべて耳に入ってきます。

「自分が育った村に襲撃をかけたときに、先頭に立たされ、親戚を撃ってしまった。だからもう二度と、自分の村には帰れない」少年らしいあどけなさが残る彼がうつろな目で話してくれた、この話が一番印象に残っています。

　その後、エイズ孤児の学校を取材した際の休憩時間に、私は校庭の端に落ちていたノートの切れ端で鶴を折っていました。目の前で遊んでいた小学1年生くらいに見える子にあげようと思ったのです。しかし完成する直前に仕事が再開され、それはポケットにしまわれたままでした。ホテルに帰ってからも、心の中に何か宿題が残ったような気持ちになりました。

取材を進めるうち、あまりにも残酷な現実を前に、気持ちのコントロールが難しくなり、ホテルに帰って先輩が寝静まった頃、私は毎晩泣きました。「苦しい」の意味が、その深さが、日本で体験していた「苦しい」とは、全くレベルが違うのです。生まれた国が違うだけでこんなにも苦しい思いをしなければならないのかと、枕に顔をうずめて毎日泣きながら考えていました。

そして、ウガンダで出会った子どもたちのために何をしたらいいんだろうか？　自分に何ができるんだろうか？　帰国したら寄付をしたらいいのか、それとも今から英語を猛勉強して国連の職員になればいいのか。考えてはみたものの、どちらも浅はかな考えです。

そこで思いついたのが「人を育てよう」ということでした。「今はカメラマンの見習いにすぎないけれど、自分の人生の中で、人を育てる立場になる日が必ず来る。そのときには、世界を1ミリでも2ミリでもいい方向に持って行ける人材を育てよう。この誓いを立てることしか今の自分にはできないけれど、そうでなければ、この子たちに申し訳ない。生まれた国が違うだけで人生がここまで変わってしまっていいはずがない」。そう思って、ウガンダを後にしました。

パレスチナ難民キャンプで知り合った日本の親子

もう１つは、32歳のときに体験した中東のレバノンでの取材です。レバノンの軍事組織「ヒズボラ」による侵攻で、レバノンの南側で国境を接するイスラエルとの紛争が繰り返されていました。レバノン国内には、当時約40万人ものパレスチナ難民がいました。難民キャンプなどの紛争地の子どもたちに文房具やぬいぐるみを贈る、日本のボランティア団体に同行した取材でした。

１９４８年のイスラエル独立以降、レバノンのパレスチナ難民キャンプには、パレスチナ紛争を逃れてきた人たちが数世代にわたって暮らしています。キャンプといってもテント生活ではなく、自分たちで積み上げた３階建てや４階建てのレンガ造りの家での生活です。キャンプの外部で働きながらキャンプの外に住むこともできますが、外部の土地の購入は一切許されません。大人の半数以上は失業状態で、就ける職業にも制限があるため、医者や弁護士などの職に就くことはできず、キャンプ内で最高の給料を得られる仕事は看護師だと、現地で看護学校への進学を目指していた若い男性から聞きました。

　日本からお祝いとして届いた、カラフルな袋に入った文房具やぬいぐるみに、新入園・新入学の子どもたちは大喜びで、笑顔がはじけます。ボランティアの中には中学生の子どもと一緒に親子で参加していた人もいました。印象に残っているのが、あるお母さんのひと言です。

「このボランティア活動に娘が参加したいと言うので、親子で来ました。でも、私自身はパニック障害で飛行機に乗るのが苦手なんです」

　私はこの話をお母さんから聞いたとき、「自身も不足や不安を抱えながらも、少しでも人のためになりたいという気持ちで行う」というボランティアの精神に気づかされました。つまり、例えば大富豪のような経済的・社会的に満たされた人だけが行うものではない、ということを実感したのです。

アフリカのウガンダや、レバノンのパレスチナ難民キャンプでの取材を経験して感じたのは「戦争が貧困を生み、人々から謙虚さを失わせ、ますます格差が広がる」ということでした。この対極にあるのが、人への思いやり、温かい気持ち、そして周りに対する感謝の気持ちだと思っています。この本を書いている２０２３年10月現在、中東ではイスラエルとパレスチナの紛争が勃発しています。本当に心が痛み、何もできない無力感に苛まれますが、目の前のことに全力を尽くすほかないと思って、八王子つばめ塾の活動に取り組んでいます。

だから、八王子つばめ塾の本当の始まりは、ウガンダやレバノンでの経験だったと言えるのです。あのとき決心した「人を育てよう」という思いが根底にあるので、私は八王子つばめ塾を単なるボランティア団体だとは思っていません。人材育成機関だと思って運営しています。日本を、そして世界を、ほんのちょっとでもいいから、いい方向へ導けるリーダーを育てているつもりです。

震災後、煌々と電気がともる八王子の街で

東日本大震災の被災地と、八王子に戻ってからの体験も、ウガンダやレバノンで抱いた思いを、改めて強くしました。

２０１１年3月11日の地震発生から10日後に、小さなビデオカメラを持って被災地となった仙台へ取材に行きました。先輩たちがメインのカメラを担いで被害の大きさを取材し、私はその周辺取材の担当でした。一晩中海の水につかっていたおじいさん、おばあさんにインタビューしたり、ボランティアの方に同行したりと、仙台市周辺を1週間ほど駆けずり回って話を聞いてきました。仙台市の中心部は、その間に水と電気は復旧したものの、物流やガスなど生活に欠かせないインフラが不足しており、寒さに震えながら困難に立ち向かう状況を、短期間ながら目の当たり

にしたのです。

取材を終えて八王子に帰ってくると、東京の街は煌々《こうこう》と電気がともっています。しかしすぐさま、原発停止の影響で電力供給が不足し、郊外などを対象に計画停電が行われ、八王子地域でも区画ごとに３時間ずつ電気を止めることになりました。すると八王子に限らず、どの地域でもみんな文句を言っているのです。自分の地域の電気を止めるな、と。

被災地の人たちが厳しい生活を強いられている状況やその苦難は、毎日のように報道されています。被災者ではない人たちも、どうしたら手助けできるか考えたり、頑張れと応援したりしていながら、いざ自分たちの住む地域の電気が３時間止まるとなると、口々に不満を言うのです。それを聞いて、私は何とも言えない気持ちになってしまいました。そのようなモヤモヤとした気持ちが、私をボランティア活動に向かわせたのです。

勉強を教えるボランティアなら、自分にもできる

被災地と地元の人たちの姿を見てから、私は何か人の役に立つことをしたい、といろいろ考え始めました。まずは被災地でボランティアをしようと思い立ちましたが、現実はそう簡単ではありません。一介のサラリーマンとして働く私が、仮にボランティア活動のために仙台や福島へ行くとなると、2～3か月は仕事に穴を開けることになり、クビになってしまいます。そこで、まずはお金を寄付することにしました。何度か義援金を送ったものの、毎月のように5万円や10万円といったまとまった金額を寄付するのは現実的ではありません。当時の私は結婚5年目で、2人の男の子と身重の妻を抱える身だったため、寄付を続けるのは難しい状況でした。

「被災地の人たちに直接役に立たなくても、この八王子の、自分の周辺という狭い範囲で、何か人の役に立つことができるのではないか」と、再度、真剣に考えました。人間にはそれぞれ弱みもあれば、強みもあります。現地へ出向くボランティア

や、自分にとっての大金を寄付し続けるといった、容易に続けられないことを背伸びして頑張ろうとしても、大して役には立ちません。それでは自分にできること、つまり自分の強みと言えることは何だろう？　そう考えたとき、気づいたのです。

「そうだ、自分はもともと教師だったじゃないか」

正規雇用ではなかったものの、教師として生徒の前に立っていた経験があるのだから、勉強を教えるのは比較的得意なほうだと言えます。当時は正社員として働いていましたので、勉強を教えることで稼ぐ必要はありません。そこで「勉強を教えるボランティアならできるんじゃないか」という考えに至ったのです。

無料塾との運命の出会いと落胆

震災から1か月がすぎた2011年の4月頃、パソコンで「勉強ボランティア」「学習支援ボランティア」といったキーワードで検索したところ、フリースクールの情報がずらっと表示されました。フリースクールとは不登校の子どもや、学校を中退した子どもを受け入れて自立や学びをサポートする施設です。検索結果に表示された40件ほどのフリースクールの情報を、1つ1つ丁寧に読み始めます。

どのフリースクールも、公教育ではカバーしづらい子どものケアに尽力しており、すばらしいと感じました。しかし、私自身がやりたいこととは少し違う気がして、「自分がやりたいボランティアは、こういうことなのだろうか」と自問しながら、検索結果の5ページ目くらいに、「国分寺無料塾」（現在の「NPO法人一粒の麦ark」）という名前を見つけたのです。「無料塾」とは見たことも聞いたこともありません。びっくりした私は、すぐさまそのページを開き、画面左上にあったキーワードに目がくぎづけになりました。

「経済的に苦しいご家庭の中学生、高校生のために無料で学習支援をしています」

読んだ瞬間に、雷に打たれたような衝撃を受けました。このときのことを思い返すと、運命の瞬間というものは本当にあるのだと感じます。「無料で勉強を教えるボランティア」、こんなにすばらしいことを実行に移している人たちが世の中にいると知って、震えるような感激で胸がいっぱいになりました。すぐに心は決まりました。私が貧困家庭に育ったこと、教育のスキルを持っていることの2つがピッタリと重なり合った最高のボランティアだ、自分がボランティアをするならここしかないと思い、さらに詳細を読み込みました。

案内ページを見ると「毎週土曜日に開催」と書いてあります。映像制作の仕事は取材で現地に赴くことも多く、土日に休めるとは限りません。それどころか土曜日に仕事が入るほうが多いくらいです。先ほどの感激から一転、「せっかく心からボランティアをしたいと思う場所が見つかったのに、私は役に立てないのか」と、本当にガックリと肩を落としました。

そして訪れた転機

ボランティアをしたいという気持ちは抱き続けていたものの、実行できないまま、仕事に忙しい日々を過ごしていました。そんなとき、転機は突然訪れます。先述した落胆から約１年後、２０１２年３月31日のことでした。

義母は八王子駅から徒歩で約15分の場所にある、築30年ほどの古い寮の大家でした。トイレと風呂は共同で部屋数は60ほど、食堂用の部屋や調理室も備えた４階建ての物件は、地元の拓殖大学の女子学生寮として長らく利用されていたものでした。しかし、大学に新しい寮が完成し、学生たちはそちらに移ることになりました。引っ越しが3月末で終わり、寮はがら空きになったのです。

寮の部屋を見に行くと、各部屋には、学生たちが使っていた机と椅子がワンセットずつ置いてありました。食堂だった部屋に行くと、古びたホワイトボードが1台あります。私はふと思いました。

「机と椅子とホワイトボード、そして無償で使える部屋があるのだから、自分で無料塾を作れるかもしれない！」

すぐさま義母に、寮の1室を無料塾として使わせてほしいと相談すると「無料塾って何なのかよく分からないけれど、まあ、やってみたら？　週1回で1部屋くらいなら、タダで使ってもいいわよ」と承諾してくれました。

八王子つばめ塾、誕生

2012年6月、国分寺無料塾へ見学を申し込みました。見学した時間はわずか

15分ほどでしたが、本当に無料で成り立っているのだと自分の目で確かめることができました。私も無料塾を作りたいと伝えると、代表者の方は親切に、生徒やボランティア講師の申込書をサンプルとして渡してくれました。この書類が無料塾の立ち上げ時に、一番役に立ちました。

すぐに自分の無料塾設立の準備を始めました。その過程で生じた疑問にもメールで回答していただくなど、先達《せんだつ》にリードしてもらいながら、２０１２年9月、「八王子つばめ塾」は産声をあげたのです。

塾名の由来

なぜ「つばめ」なのかと、よく質問されます。実は小さな頃から住んでいた都営団地のすぐ近くにツバメの巣があって、親鳥が子育てをしていたのです。その様子を毎年観察し、幼心にツバメはかわいいな、と思いながら私は育ちました。

ツバメはご存《ぞん》じのとおり渡り鳥で、春に生まれた雛《ひな》が大きくなり、夏になると巣立って海を越えて南の国々へと旅立ちます。そこで成長したツバメは、また翌年の春に日本へ戻ってくるといいます。その習性と無料塾で実現したいことが、パッと重なり、これはピッタリだと思ったのです。

八王子つばめ塾は、１００％ボランティアで構成されている組織です。その原動力の1つは、ボランティアによる学習支援を受けた子どもたちが大きくなって、またボランティアというフィールドに戻ってきてもらいたいという思いです。同じ巣や同じ地域でなくても、教育ボランティアでなくてもかまいません。それぞれが成長した先でそれぞれが行えるボランティアをしてもらうこと。自分から人のために行動しようと思ってもらうこと。これこそが私たちの理念であり、それを実現してもらいたいという願いを込めて、「八王子つばめ塾」と名付けたのです。

安定した生活を手放して

２０１２年9月、八王子つばめ塾は、講師は私1人、生徒1人から始まりました。半年後には、1人だった生徒は6人に増えました。ボランティア講師のなり手はそれ以上に増え、10人を超えていました。生徒よりも講師のほうが多い教室で、私も一緒に教える日もありました。教育畑出身だった私には、八王子つばめ塾はまさに天職でした。働きながらボランティアをやってみたいと、ある意味で気軽に立ち上げた無料塾の活動に、やればやるほどのめり込んでいきました。しかし、もちろん無料塾だけでは食べていけません。妻と3人の子どももいます。一方で、せっかく作った八王子つばめ塾をもっと一生懸命やりたい、塾に通う子どもたちのためになりたいという気持ちも日に日に膨らんでいったのです。

そしてある日、妻に「仕事をやめて、八王子つばめ塾の活動をもっと真剣にやりたい」と相談したところ、こう言ってくれました。

「会社をやめて、全く違う職業に就きたいのなら大反対する。でも教育の世界に戻るなら賛成する。あなたよりも、よい映像作品を作れる人は山ほどいると思う。でも、経済的に苦しい家庭の子どもたちのために情熱を注《そそ》げる人はそうはいない。貧しい家庭に育ったことはずっと聞いていたから、この機会に無料塾を思い切ってやってみたら？」

仕事をやめる決心がついてからは、新たな職探しです。まずは、あちこちの高校の非常勤講師の採用試験に応募しました。ある私立高校の採用面接では、1次、2次と選考が進み、もう少しで採用決定という段階までいけたので、夫婦で期待していました。待遇もよく、手取り額も正社員時代の給料の8割程度が見込めたので、この職場なら安心して働けると思っていましたが、結局、最終段階のところで不採用となりました。

「でも、よかったんじゃない？　八王子つばめ塾に来るのは経済的に苦しいご家庭の人がほとんどでしょう。もし転職して、前職の8割か9割かの給料を簡単にもらえていたら、世の中こんなものかと思って、人の苦労が分からない事務局長になってしまったんじゃないの？」深く落ち込んでいる私を見て、妻がそう言ってくれたので助かりました。不採用になったことも前向きに考えられるようになったからです。でも、これが苦労の始まりでした。

どなられながらのアルバイト生活

八王子つばめ塾を作って約半年後の２０１３年3月末で勤め先を退職。４月には長男の小学校入学式を、その数日後には次男の幼稚園入園式を控えています。その父は、再就職先はおろかアルバイト１つ決まらない完全な無職です。そして三男はまだ1歳半。その１週間後に、ようやく月収数万円のアルバイトが決まりましたが、とても生活費には足りません。どうしようもない状態です。妻は「私も働けるから」と、早朝からパートに出てくれました。

その後も家族を養う手だてを探し、家庭教師、予備校の講師、弁当屋の皿洗いに配達、コンビニの夜勤……無料塾の運営や生徒に教える時間を確保できる仕事ならば何でもやりました。何足ものわらじを履きながら、八王子つばめ塾で教え続けました。しかし、八王子つばめ塾の運営は本当に楽しくて、つらいと思ったことは一度もありませんでした。

一番の苦労は、自分と家族の生活を守ることでした。妻と3人の子どもを抱えながら自分のやりたいことへと突き進むのですから、家族に苦労をかけてはいけないと思い必死に働きました。37歳にもなってアルバイト先で「いい加減に仕事を覚えろ！　お前！」なんて頭ごなしにどなられながら、厳しい生活を送る毎日でした。

貧困をなんとかしたい！　と無料塾を立ち上げた本人が貧困に陥るブラックジョークのような状況です。ここまで没頭して打ち込まなければいいのでしょうが、無料塾を全国に広げたいと思ってしまったものだから、こればっかりは致し方ありません。八王子つばめ塾に限らず、無料塾の主催者の中には無料塾を始めて金銭的にもうかったとか、生活がよくなったなんて聞いたことがありません。

実は、ここまでして無料塾をやろうと思った背景には、日本の教育現場が長年抱えている課題がありました。

学校教育が抱える課題

現在、学校教育を中心とする教育は、大きな岐路に立っていると思います。ここでいくつかの論点について、私見を述べたいと思います。

教師の問題

私が教員採用試験を受験した１９９９年と比べて、今は倍率が大幅に低下しています。採用数が増えていることもありますが、志願者が減少していることも、その理由でしょう。教師は、人気のない職業になりつつあります。残業が多いことも不人気の一因なのでしょう。働き方改革によって就業時間は守られるようになってきています。当然と言えば当然なのですが、そこが問題ではないように思えます。

知り合いの公立学校教諭に話を聞くと、誰からも出てくるのが「授業以外の雑用が多く、放課後に生徒の勉強を見ることなんて全くできない」という言葉です。

生徒に勉強を教えることで労働時間が延びるならば、ある程度は仕方ないと思います。しかし、保護者対応や部活の顧問など、授業とは関係のない雑務や校務分掌が多すぎるがゆえに、肝心要《かんじんかなめ》の、生徒と向き合う時間が少なくなっているという現実があります。

明確なやるべきことがある「仕事」の時間と、「何気《なにげ》なく向き合う」生徒との時間。当然やるべきことが明確なほうに時間は割かれてしまいます。こうして、生徒と向き合う時間が少なくなるのです。

「『交番で警察官が暇そうにしている』と批判する市民がいるが、暇だからいいのだ。

警察官が交番内で常に書類作成に追われ、話しかけることもできなかったら、道を聞いたり、犯罪の通報もできないだろう」という話を聞いたことがあります。教師もそれに通ずるものがあると思うのです。

教師が常にしかめっ面で、しかも職員室に引きこもっていたら、生徒は相談などできるでしょうか？　その生徒も、明確な用事があれば、もちろん教師を呼ぶでしょう。でも、友人のこと、家庭のこと、ちょっとした悩みをわざわざ先生を呼び出してまで話そうとは思わないはずです。ましてや、「今から悩みを聞く時間だよ」ときっちり時間を設けて放課後に呼び出しても、悩みを話す生徒は少ないはずです。

教師の雑用をいかに減らし、本来の授業研究や生徒対応に充てる時間を増やし、魅力ある職場にするか。真剣に取り組まないといけないと思います。私は、教員の数を増やすことを第一に考えるべきだと思います。

放課後に勉強を見ることができない問題については、各学校で工夫がされています。「放課後勉強教室」のように、自由に勉強できる時間や部屋を設けている学校もあります。私の息子が通っている中学校にも、このような教室があります。元教員やシニアの方、大学生やＰＴＡの保護者などが協力して実施しているものです。だからと言って、教師の忙しさが看過《かんか》されていいわけはありません。その放課後教室に教師が加わってもいいはずですから、やはり教師の余裕は必要でしょう。

私は現在、東京薬科大学で非常勤講師を務めており、大学1年生に「社会保障」に関する一般教養の授業を行っています。その講義で毎年する質問があります。

「公立中学出身の人の中で、放課後に先生が勉強の面倒を見てくれた覚えがある人はいますか？」

手を挙げるのは出席者の1割ほどしかいません。同じ場で、私立中学出身の学生に同じ質問を投げかけると、「放課後に先生が勉強を見てくれるのは普通のことだった」という子が多いのです。あくまでも私の授業を選択した学生という範囲ではありますが、公立中学と私立中学との間にそれだけの差が開いているのです。

公立学校は「教育の生命線」

経済的に苦しいご家庭にとって、充実した公立学校はいわば「教育の生命線」です。塾や私立学校という代替手段を用意できないからです。そして公立学校の底上げは、日本全体に大きな利益をもたらします。私立学校に通える地域ばかりではないからです。

また、副教材費などの振り込みをしてくれない家庭に対し、担任が電話をすることもあると聞きます。いわゆるお金がからむことは、家庭側とトラブルになりやすく、教師の負担を増やしています。そこは、事務職が担当したり、「スクールソーシャルワーカー（ＳＳＷ）」を各学校に配置することで教師の負担を減らすことができるのではないでしょうか？　いずれにしても、行政側の人員配置が少なすぎることが要因だと考えます。

余談ですが、就職氷河期に教師になれなかった人の雇用を推進することも、解決の一助になると思っています。私が受けたときの、東京都の高校の社会科の採用倍率は１８４倍で、１人しか採用されませんでした。今の採用倍率は6倍程度です。単純な比較はできませんが、今の基準ならその年に30人程度は採用されたはずです。そう考えれば29人は合格レベルにありながら、泣く泣く「教師」になれなかった人たちです（私立学校に行った人や非常勤となった人はいると思います）。

　私たちの世代は就職やその後のキャリアアップに苦労した人がとても多い世代です。だから、今の年齢でももらえる年収を保証し、過去の経験を問わずに募集したら、今から正規教員になりたい人も中にはいるのではないでしょうか？　若い人だけにターゲットを絞らず、時代の波に翻弄《ほんろう》されてかつて教員になれなかった人にも焦点をあててもらいたいものです。

1　学級の人数問題

現在は35人学級が基準ですが、これでも多いと思っています。少子化のため教室が余っている学校は多くあります。だから、30人以下の学級にして、なるべく教師の目が届くほうがいいと思うのです。私も私立高校の非常勤講師をしているので分かりますが、35人超えのクラスと、30人以下のクラスでは、目の行き届き方が全く違います。

教師経験のない人には実感がわかないかもしれませんが、クラスの人数を減らすことは、すべてにいい影響をもたらします。小テスト、定期考査の丸つけ、成績記入など、膨大な作業量があり、それが5人分減るだけでも、年間に換算すれば大きな時間になります。

生徒と関わりたくて教師になる人がほとんどですから、浮いた時間は間違いなく生徒に使うことに充てられるでしょう。テストであれば、丁寧に直してあげたり、評価であれば、もっと細かく生徒のことを見てあげられたりするかもしれません。

塾の問題

東京などの都市部では、塾に通うのが当たり前になっています。放課後に教師が勉強を見る時間がないとなると、学力を左右するのは各家庭の経済力ということになってしまいます。塾に通わせられるか否かという、それだけの差です。

それは子どもの視点で捉えれば「どんな家庭に生まれたか」という差です。本人の努力と全く関係ないところで決められてしまうもので、「運」と言い換えることもできます。

勉強ができることが人生のすべてではありません。しかし、98・9％の生徒が高校に進学する時代に、高校選びに大きく影響する学力が低いままでは選択肢が狭められてしまいます。こうして格差ができてしまうことが問題だと思います。

教員になるまでの課程について

教員免許の取得には、大学を卒業し教職課程を修めることが必須です。しかし、これまで述べたように、これだけの格差があると、教師を志望する優秀な若者の中にも、大学進学を諦めざるを得ない人が出てくることも考えられます。教師という職業のなり手が、親の職業や家庭の裕福度によって限定されてしまうような状態になっては、新たな時代に対応した教育はできないと思います。

前述したとおり、私も教員免許を持っていて、現在も私立高校で働いていますが、祖父母が学費を出してくれなければ大学進学は諦めていました。教員免許を取得して教師になろうという人には、学費免除のような規定を作って、経済的に苦しい家庭の子どもたちも教師になる道が開かれるようにしてもらいたいと思います。

今の時代の「経済的困窮」は外から見ても分かりません。普通の家庭に育った方からは、その苦労は、なかなか分からないと思います。そういう意味で、無料塾の卒業生たちが教師になってくれることが、とても重要だと考えています。

あとは、大学の教職課程の中に、「経済的困窮下の学習」というプログラムを取り入れ、教師を志す学生に学んでもらうことが必須だと思います。今、日本の国力が下降線をたどっていることは、誰が見ても明らかです。そのような状況下だからこそ、教師を目指す人には、家庭の経済状況も含めて、柔軟な対応が取れる教育者を目指してもらいたいと思います。

NPO法人化とその後のひろがり

NPO法人化

アルバイトを掛け持ちしながら、2013年5月にNPO法人化を目指すための準備を始めました。これまでは全くもって個人の活動でしたが、生徒やボランティア講師が集まるようになり、活動を個人で対応できる範囲にとどめるべきではなく、オープンな形で進めていくべきだと思うようになりました。

その根っこにあったのは、私的な活動から公的な活動へ、さらに八王子から全国へ無料塾を広めたいという思いでした。この当時は、八王子つばめ塾どころか無料塾自体が全く知られていませんでした。私が無料塾の活動を広めるべく「無料塾を作りませんか」と話をしても、どこの馬の骨とも分からない男が、聞いたこともない塾を作ろうと言っているだけです。

そこで、しっかりとした団体が運営しているという裏付けを得るためにＮＰＯ法人化が必要だと考えました。すべては「現在の収入格差を、子どもたちの教育格差にしない。そして現在の教育格差を、次世代の収入格差につなげない」という大きな目標のためです。

30年間続けることを目標に

ＮＰＯ法人化したのも、理事長という肩書が欲しかったからではもちろんありません。２つの具体的な目標を、ＮＰＯ法人化で実現しようと考えていました。

１つは、八王子つばめ塾の活動を30年間はやり続けることです。教育というものは、１年や２年といった短期間ではなかなか成果は出せません。なぜ30年かというと、これも父からの影響を受けています。

私の父は、稼ぐのは苦手でしたが、仕事には一生懸命な人で、同じ仕事をずっと続けていました。そしてもうひとつ、続けていたことがあります。野球が大好きだった父は、地元の少年野球チームのコーチを25年間担当していました。もちろん無償です。そんな父の背中を超えるためには、最低でも30年はやるしかないと、自分の心の中で決めたのです。

全国に無料塾を広める

そして2つめの具体的な目標は、全国に無料塾を広めることです。八王子つばめ塾のある八王子市では、経済的に困窮しているご家庭の子どもたちが、無料で安心して勉強できる場所ができたとして、隣の日野市や立川市ではそのような場所は整備されていません。やり始めて分かってきたのが、子どもが通える範囲は大人のイメージよりも狭いということです。徒歩にせよ自転車にせよ電車にせよ、自宅から15～20分程度で通えるところまでが限度です。これ以上、時間のかかる距離にあっても生徒は来ません。

経済的に困窮する人たちは、1つの場所に固まっているわけではなく、全国各地に一定数は存在します。つまり八王子だけに無料塾があっても意味がありません。しかし、八王子つばめ塾だけで手いっぱいの私が各地域へ出向いて、無料塾を開くのも現実的ではありません。

国や自治体から助成金をもらうためではなく、「子どもたちを幸せにしたい」「将来に希望を持ってもらいたい」「高校進学への力になりたい」という思いから、自分たちで無料塾を作ろうとする人へ、見返りなくノウハウを伝えて、有志が作る無料塾を全国に広める手伝いをしたいと思っています。

1年で生徒は50人、講師は60人に

東京都の認証を受け、２０１３年10月28日付けで「特定非営利活動法人八王子つばめ塾」になりました。またそれから6年後の２０１９年11月に認定特定非営利活動法人制度の認定を受け「認定特定非営利活動法人八王子つばめ塾」となりました。認定特定非営利活動法人となったことで、個人や法人が八王子つばめ塾へ寄付を行った場合、寄付《きふ》金控除《きんこうじょ》や損金算入《そんきんさんにゅう》などによって税制上の優遇《ゆうぐう》措置《そち》を受けられるようになりました。

苦しい生活が続く一方、八王子つばめ塾には、次から次へと関わる人が増えていきました。設立当初は、「2～3年後に生徒が10人いて、5教科のうち1教科でも上手に教えられる講師が各教科で1人ずつ、合計5人も集まれば、立派な教育ボランティアだと胸を張れる」とイメージしていました。ところが1年後には生徒が50人にまで増え、ボランティア講師も約60人と大所帯になります。たった1年でここまで大きくなるとは、予想だにしていませんでした。

このようにして立ち上がった塾ですが、それから11年がたち、コロナ禍などの紆《う》余曲折《よきょくせつ》はありつつも、大きなトラブルはなく、今でも順調に運営できています。

塾の継承について

最近は、自分の子どもが事業を継いでくれなかったり、後継者が見つからないために事業継承に悩みを抱えている中小企業が多いと聞きます。後継者問題は、市民団体にとっても大きな問題です。

というのも、「創立者・創業者と同じ熱量を持った人」は出てこないからです。もし私と同じ熱量で取り組む人物であれば、きっと自分で別の無料塾を立ち上げているでしょう。しかも一般的な企業のように、そのやる気や能力に見合った報酬で引っ張ってくることもできません。

高い熱量とやる気を備えた人を、無料に近い報酬で探さなければならないからこそ、一筋縄ではいかない問題なのです。そうすると、創立者の家族に継いでもらうという考えが出てくるかもしれません。

わが家には3人の愚息がいます。その子たちがそれぞれ小学5年生から6年生になる春休みに、父と子の2人だけで山梨県と長野県を巡る「父子2人旅」を恒例行事としています。末っ子の三男が2023年の春にその時期を迎えました。ほとんど観光ですが、一番の目的は観光ではなく「私が育った小宮家の貧困の様子をきちんと伝え、八王子つばめ塾設立の原点を語る」ことです。

父子２人で松本を巡る

わが家は、父親の私がひたすらボランティアに出かけて、毎晩いなくなる特殊な家庭です。なぜ、こんなに熱心に八王子つばめ塾の活動をやっているのか、きちんと説明しなければならないと考え、息子たちひとりひとりと旅行をしながらじっくりと話す機会を作ったのです。もちろん、幼少期の貧困の様子は常に伝えているのですが、まとめて話す機会はなかなかありません。

長野県の松本を巡る理由も、わが家の歴史と関わりがあります。私と両親がたった一度だけ家族旅行をした思い出の地なのです。私が高校入学前の春休みに一度だけ、なけなしの10万円を使って、松本城から石和温泉を巡る1泊2日の旅に行きました。これが、３人だけの家族水入らずで行った唯一の旅であり、思い出の場所なのです。

「塾を継ぐ」という三男に伝えた話

三男は、この恒例行事の時期が近づくにつれて、「僕が八王子つばめ塾を継ぐんだ！」などと盛んに息巻いていたので、きちんとその話もしようと思っていました。三男へ話した内容のうち、八王子つばめ塾に関する話は以下のとおりです。この話の前には、わが家の貧乏話がありますが、前述したので省きます。本来は三男の名前をフルネームで呼んでいるのですが、プライバシーの関係で、名前の半分「ヒロ」で表記させてもらいます。

今、「塾を継ぐんだ」とヒロは言っているが、八王子つばめ塾の理事長を継げるわけではない。ＮＰＯ法人は市民団体なんだから、世襲はできない。だいたい、中身の伴わない世襲が世の中を悪くしているんだから、お父さんがヒロを次の理事長に推薦する気はない。

事務局長の仕事も継ぐのは厳しい。それは、ヒロが貧困や苦労を経験していないからだ。お父さんが八王子つばめ塾を作った当時、無料塾というものは、世の中にほとんどなかったから、たくさんの人から本当にいろいろなことを言われた。

「無料で教えるなんておかしい」

「少しはお金を取らなければ、子どものためにならない」

「『経済的に苦しい』という条件をつけたら生徒が集まらない」

でもお父さんは、信念を曲げなかった。誰になんと言われようと、無料で教われることこそが、経済的に苦しい家庭にとって、一番うれしいことであると固く信じていたからだ。これが、全財産が８００円しかない家庭で育った経験から導かれる信念なんだ。

確かに今、ヒロが暮らすわが家にも決して余裕はない。だけど、お父さんが経験した貧困と比べたら、貧困の「ひ」の字もない。だからヒロは「家にお金がなくてどうしよう」とか、「これからわが家はどうなるんだろう」といった不安を感じたことはないはずだ。お父さんは小学3年生の頃から、大きな都営団地の中で、社会の格差を感じ、不安と怒りを持って成長してきた。

頑張れば将来、ヒロもボランティア講師として参加できるだろう。それだけでとてもすばらしく、尊いことだ。でも事務局長は、誰よりも困難から逃げるわけにはいかない役職だ。無料塾を作りさえすればすべてがうまくいくわけでも、ばら色の世界が広がっているわけでもないからだ。

正社員をやめて年収が3分の1になったときや、コンビニで夜中働いたとき。不安に満ちた困難な状況に追い込まれても、決して無料塾をやめなかったのは、自分が貧困を経験していたからだ。お金がなくても動揺することはないし、こういう思いは幼少期の頃から普通だった。八王子つばめ塾の生徒の中には、今まさに直面している子がいるだろうから、それを思えばつらいと感じたことはない。だからこの役目は、ヒロには務まらないだろう。

でも安心してほしい。お父さんは設立者だが、ヒロは違う。ヒロにはヒロの役割がある。一番大事なことを教えておく。それは「どんなときでも、経済的に苦しい家庭の子どもたちの味方でいること」。世の中には、経済的に苦しい家庭を口汚く攻撃する人もいる。「無料塾なんてよくない」と言う人もいる。「低所得者には国から支援があっていいわね」と嫌みたっぷりに大声で言う人もいる。でも、それを聞いてもなお、ヒロだけは味方でいなさい。批判してくる人よりお金がなくても、学歴がなくてもいい。そんなことは恥じなくていい。恥ずかしいのは、現在の地位や財産に到達するのに、本来は生まれてきた幸運が関係あるはずなのに、それに気づかず自分の実力だけで得たと思い込んで、経済的に苦しい家庭を見下す考えそのものだ。

　だからヒロは堂々と、「どうしたら経済的に苦しい家庭の子どもたちが希望を持てるか」、それだけを考えていなさい。大人になったら、八王子つばめ塾の塾生に寄り添ってほしい。「一緒に頑張ろうね！」と笑顔で励ましてほしい。八王子つばめ塾を継ぐとは、そういうことだ。役職を継ぐんじゃない。思いを継ぐんだ。塾生のために、奉仕する、ボランティアするという精神を継ぐんだ。これなら、ヒロにもできる。

　大人になって、今と気持ちが変わらず、八王子つばめ塾の子どもたちのために力を尽くしたいというなら、私利私欲をなくすことだ。自分がもうけたいとか、有名になりたいとかいう気持ちを捨てることだ。お父さんがテレビや新聞に出ているのは、有名になりたくて出ているのではなくて、無料塾を全国に広めたいと思っているからだ。1人でも多くの、経済的に苦しい家庭の子どもたちに、「無料で勉強できてよかった」と喜んでもらいたいと思うからなんだ。

　そして、八王子つばめ塾の子どもたちのために、役立つ人間になれるよう、今からできることがある。それは、明るく、元気よく、優しく友達と接することだ。友達に明るく自分からあいさつすることだ。その行動は、友達を元気づけ安心させる。ヒロは、お父さんの子なんだから、大きな声が出せるだろう。そうしてクラスを明るくする。そういうことがトレーニングなんだ。

三男には、このような内容の話をしました。ここでは硬い表現になっていますが、実際には平易な言葉で分かりやすく話をしています。

この会話の続きで「お父さんは八王子つばめ塾を作った日以来、自分のためだけに使った時間などない。家を出ていくときは必ず塾の仕事だし、家にいても塾のメールを打っている。お父さんが1人でパチンコに行ったとか、飲みに行ったとか、見たことがあるか？」と聞いたら、三男が首を激しく横に振って、「11年間生きてきたけど、記憶があるときからいつもお父さんは八王子つばめ塾に行っていたし、お父さんが1人で遊んでいるところは見たことない」と肯定してくれたときはうれしかったです。

確かに平日夜は毎日八王子つばめ塾へ、土日は東京つばめ無料塾へ行っており、ほとんど家を空けています。家族と接する時間の少なさという面では、よい父親ではないと自覚しています。でも、いつも言って聞かせているのです。

「ヒロたちは、まだ幸せなんだ。お父さんが家にいるときは勉強を教えてあげられる。でも世の中には、お父さんの幼少期のように厳しい生活を強いられている家庭がまだまだあるんだ。そういう子たちの勉強を見てあげなければならない。食料や奨学金を送ってあげなければならない」

将来、三男が八王子つばめ塾を継いでくれるかは分かりませんが、大事なことは伝えられた気がします。

八王子つばめ塾の後継者は、できれば苦労した経験を持つ方に引き受けてもらえればうれしいですが、無理に永続できなくてもいいとも思っています。八王子つばめ塾と関係のない若い方に「ひよどり塾」でも、「からす塾」でも、新しい無料塾を作ってもらって、無料塾を続けてもらえればいいのです。

「企業寿命30年説」というのがありますが、世代をまたいで団体を継続させることは本当に難しいことなのです。存続させることに必要以上の労力をかけるよりも、今、子どもたちに教えることのほうに力を注いでいこうと思っています。

ボランティア講師との絆を大切にしたしょうた君

八王子つばめ塾の入塾面接の際に、私と顔を合わせるなり「あれ、おじさんのこと、見たことあります……」と言ったのがしょうた君(仮名)です。実は、彼は私の自宅の近所に住んでいたのです。両親が離婚する前は普通の生活をしていたそうです。ところが、離婚後に母子2人の生活になってからは生活が暗転。母親も体調を崩し思うように働けない中、家賃の安いアパートへ引っ越し、中学生のときに八王子つばめ塾に来たのです。

あるとき、お母さんから「生活費が足りないので、お米を分けていただけないでしょうか?」とメールが来て、八王子つばめ塾が実施する「お米プロジェクト」のお米を自宅まで届けました。

実はこのメールを受け取ったのは、たまたま知人がFacebookに載せていた「ヨーロッパへ1週間の家族旅行をしてきます」という投稿を見た直後でした。「1週間も滞在したら、かなりの費用だろうな」と思っていたところへ先ほどのお母さんからのメールが届き、「一体この差は何なのだろうか……」と落ち込みました。

離婚を機に生活が厳しくなる家庭と、海外へ家族旅行ができる家庭。もし、私が八王子つばめ塾を始めていなかったら、その格差の激しさにやりきれない不満を抱き、「国が悪い、社会が悪い」と声を張り上げるだけだったはずです。そんな過去の自分と、微力ではあるけれども、こうして困っている家庭にお米を贈れる団体を作れた現在の自分。「どちらの人生を歩みたかったか？」と問われれば、迷うことなく答えは出てきます。

その後しょうた君は、八王子つばめ塾の大学生ボランティア講師が、大学卒業後に教師として勤務していた都立高校に入学しました。元講師の先生には在学中から目をかけてもらい、奨学金の申請などを手伝ってもらって、今は私立大学に通っています。

たまにお米プロジェクトの精米の手伝いに来てくれるような優しい子で、アルバイトをいくつも掛け持ちしていますが、サッカー部に入って大学生生活をエンジョイしているようです。体育の教師を目指しているとのことなので、しょうた君のような人にこそ教師になってもらいたいと強く思っています。

これからの社会は、経済的に苦しい家庭出身の教師が必要です。そういう思いをした人に、子どもたちを未来へと導いてもらえる社会を期待しています。

第3章
もっと広がれ！
社会支援の輪

無料塾を通じて、
教育格差を是正するための支援を
10年以上続けてきましたが、
問題の解決にはより大きな、
社会全体での支援の必要性を痛感しています。
八王子つばめ塾と同じように
「学力の再分配」に取り組む「弟子」をはじめ、
その支援の輪は少しずつ広がりつつあります。

社会支援の重要性

格差は自己責任なのか

今、日本に限らず、世界中の社会では経済格差、そして教育格差が非常に大きな問題となっています。格差が生じた結果、低所得や低学歴と呼ばれる層に陥ってしまった原因を個人の責任に帰する声もあります。しかし、すべてが自己責任の世の中では、生き馬の目を抜くような、周囲の人々を次々と蹴落とさなければ生きていけない、本当に殺伐とした世界になってしまいます。

この問題はあくまでも社会全体でみんなで解決すべきことだと捉え、少しでもよい方向へ進められるように行動していくのが、とても大事だと私は考えています。

２０２２（令和４）年度「国民生活基礎調査」の結果では、子どもの貧困率[6]は11・5％となっています。８～９人に１人は貧困状態で育っているということにな

6　各世帯の人数差を調整したうえで「等価可処分所得」を算出したときに、真ん中の順位の人の所得額を「所得中央値」という。この所得中央値の半分に満たない17歳以下の子どもが、何割くらいいるかを表すのが「子どもの貧困率」である。

ります。それほど多くないと感じる方もいると思いますし、皆さんの身近な場所で貧困状態の子は見たことがないという方も多いと思います。

でも、公立の小学校・中学校の教室を思い浮かべていただくと、1クラスでだいたい35人。11・5％だと1クラスに3〜4人は貧困状態にあることになります。決して少ない数ではないのです。戦後直後なら、貧困のために髪の毛はボサボサ、着ている服も履いている靴もボロボロなんていう、周囲から見てもすぐに分かるような貧困状態の子どもが多かったかもしれません。しかし現代ではファストファッションも当たり前ですし、100円ショップである程度の服も手に入ります。

見た目からだけでは貧困状態が分かりにくくなっているのも、周囲で見かけないという声の要因になっているのでしょう。

とりわけ厳しいシングルマザー世帯

そして、ひとり親世帯の貧困率は44・５％にのぼり、シングルマザー世帯の平均収入は２７２万円と、かなり低いことが分かります。これは、シングルファザー世帯の５１８万円の約半分にすぎません。[7]

２０２２（令和４）年度「国民生活基礎調査」のデータでは貧困線[8]は１２７万円となっていて、この基準から見ると貧困ではないようにも見えますが、別の時期に千葉県船橋市や神奈川県川崎市で行われた調査によれば、２人世帯での貧困線は約１７０万円、３人世帯での貧困線は約２１０万円とされています。シングルマザー世帯の多くは厳しい経済状況だと思われます。これが日本全国に1世帯だけだったら、その方のパーソナルな要因による問題との見方もできるかもしれませんが、多くが厳しい状況にあるならば、これはとても自己責任とはいえないでしょう。

この経済的な苦しさが、義務教育後の進路選択に大きく影響します。２０２３年

7　「令和３年度 全国ひとり親世帯等調査結果」（厚生労働省）
8　「所得中央値」（P.165 脚注6参照）の２分の１に当たる所得額に引かれるのが「貧困線」である。

の日本の高校への進学率は98・9％で、ほとんどの子どもが高校に進学しています。[9] さらにその先の大学進学率は59・5％、東京都に限っていえば71・5％と7割以上の高校卒業者が大学へ進学しています。[10] 高校卒業後に就職する人の割合も、全国では14・7％なのに対し、東京都は4・8％しかいません。中学校を卒業して就職するという進路選択は学歴上非常に少なく、特に東京都では高校を出て専門学校、短大、大学へ進学するのが就職の大前提となっているのです。

経済格差と学習格差の連鎖を断ち切るために

高校に進学し、その先の大学等へ進学する資金がない家庭の子どもは就職の選択肢が著しく狭くなります。経済格差が学習格差となり、また次の経済格差となってしまうのです。

進学にお金がかかるなら、当然なるべく費用のかからない公立高校への進学を目

9, 10 「令和４年度 学校基本調査」（文部科学省）

指すことになります。２０２２年度の都立高校の全日制一般入試の倍率は１・37倍。他の都道府県と比べても高く、４万人の受験生のうち１万人くらいは試験に落ちてしまうのです。その倍率をくぐり抜けて都立高校に受かるには、塾へ行くという選択肢が一般的です。いろいろな調査がありますが、東京では中学３年生のうち７割程度が塾に通っているというデータもあるくらいです。安い塾でも毎月２〜３万円の月謝がかかってしまうとなると、経済的に苦しい家庭の子どもたちの中には塾に行けない子どもが多くいると思われます。

ただ、約３割が塾に行かないとしても、もともと推薦などで私立高校への進学が決まっていたり、学力と志望校のレベルがほぼ合致していたりして、塾に通う必要のない子どももいるでしょう。これは私の見立てにすぎませんが、そういった子どもを除いた割合と、子どもの貧困率とが非常に近しいと考えています。つまり、塾に行かない子どもたちの半分程度、13・5〜15%くらいの子どもたちは「本当は塾に行きたいのに、金銭的な理由で通えない」のではないかという推論です。

入試はとても公平な制度です。お金持ちか、そうでないかで一切差別されることなく、試験の結果で合否が決まります。しかし、塾に通うことが前提となっているならば、塾に通えないことはスタートラインが下げられているようなものです。みんなは１００ｍ走なのに、塾に通えなかったがゆえに10ｍ手前のところから走らなければならない。もちろん皆同じ競争に参加することはできていますが、経済格差から生じてしまう教育格差は、やっぱりあると私は思います。

　私たち八王子つばめ塾をはじめとする無料塾の必要性は、ここにあると考えています。残り90ｍや80ｍのところまでスタートラインを押しあげるのが目的ではありません。同じスタートラインから出発して、１００ｍを完走して合格するには本人の努力が必要です。本人にはどうしようもない経済格差によって生じた10ｍのハンディキャップを解消して、普通のスタートラインに立てるところまでのサポートを行うのが無料塾の役割です。

無料塾は「学力の再分配」

経済格差や教育格差をどう埋めていくべきかについては、さまざまな角度から意見があります。その1つに「貧困対策には現金を配るのが早い」という意見があります。コロナ禍に政府が現金給付をしたのもその例です。所得の多い人から経済的に苦しい人へお金を分ける、いわゆる「富の再分配」は政府にしかできないことですから、これは大いにやってもらいたいと思います。

けれども、政府にすべて任せておいて民間の私たちは何もしなくていいということでは、もちろんないと思うのです。子どもたちに勉強を無料で教えてあげることであれば、民間の私たちでも十分できることです。八王子つばめ塾にボランティア講師としてきてくれている方には、講師自身が教育資源を享受《きょうじゅ》して国立大学や私立の難関大学を卒業されているような方もたくさんいらっしゃいます。

そのような方たちが無償で、経済的に厳しい家庭の子どもに時間を費やし、学力を惜しげもなく分けてくれるところに、私は無料塾の可能性や必要性があると思っています。所得、つまりお金の再分配を民間で行おうとすると、膨大な寄付金が常に集まる状態でないと、焼け石に水になってしまいます。

しかし、学力の再分配であれば無料で提供しやすくなります。巡り合わせしだいでは有料塾では出会えないような豊かな経歴の講師から勉強を学べる可能性もあります。そして、今すぐに支援が必要な子どもに教育支援を届けることができます。目の前の勉強が分からなくて悩んでいる子どもに、数年後に支援ができるようになっても遅いのです。

行政とＮＰＯの役割分担

これについては「それぞれが、互いの持ち味を生かして、餅は餅屋でやるべきだ」と思っています。行政は行政の領域をしっかりやるべきだし、ＮＰＯはＮＰＯの得意分野をやるべきです。

行政には、公立の小・中学校という立派な教育機関があります。そこで働く教師の職場環境が、前述したように厳しいものであることは、誰しもご存《ぞん》じでしょう。

その改善に本腰を入れずに、委託する無料塾に自治体が大きな額の助成金を投じるというのは、どうかと思うのです。無料塾なら民間のＮＰＯでもなんとか運営できます。しかし、公立学校の教師の待遇改善などは、ＮＰＯがどう逆立ちしたって、できることではありません。それが役割分担だと思います。

逆に、市民活動の足を引っ張らないでもらいたいという思いもあります。

八王子つばめ塾の弟子の中には、「設立当初『塾だから』という理由で公民館を貸してもらえなかった」という経験をした団体もありました。ほかにも「新聞社からの取材を受けないでほしい」と公民館長から言われたという、耳を疑うような話を聞いたこともあります。「私が市長に報告する前に、新聞記事で知られたらまずいから」という理由だそうです。

私はこの話を聞いて、めまいがする思いでした。このようなどうでもいい理由で市民活動が停滞することほどバカバカしいことはありません。民間団体がどんどん活動できるよう、行政も取り組んでもらいたいと思っています。

ある講演会で一緒になった、ある自治体の「子ども育成」担当の課長の方は、こうおっしゃっていました。

「私たちは、委託事業を盛んにするのではなく、市民活動を盛んにするための基盤整備をしようと思っています」

無料塾から行政に期待できることは「広報媒体」「信用」「公民館などの教室となる場所の提供」です。

自治体が発行する広報誌やＷＥＢサイト、ＳＮＳは、やはり多くの人の目にとまって読まれますし、掲載される内容に対する信用もあります。公民館などの公共の施設は経費を抑えたい無料塾の活動にはうってつけです。

もし無料塾の場合には低額で施設を貸してくれたり、費用は変わらずとも優先的に予約させてもらえるようなサポートがあれば、市民活動の一環《いっかん》としての無料塾が大いに盛り上がると思うのです。そういう基盤整備にお金をかけるなら、大歓迎ですし、そこまで莫大《ばくだい》な税金をかけなくてもできることだと思います。

八王子つばめ塾の「弟子」たち

相次ぐ見学

八王子つばめ塾を立ち上げてから間もなく、少しずつ見学に来る人が増えていきました。最初は入塾を希望する保護者と生徒、そしてボランティアを希望される講師です。２０１２年の９月にスタートしてから約３か月で、生徒よりも講師の数のほうが多くなりました。そこで生徒に教えるのはほかの講師にお任せして、私は通常授業を持たずに事務局の仕事に専念することにしました。ＮＰＯ法人化へと舵《かじ》を切れるようになったのも、そのためです。

ＮＰＯ法人となってから、新たな仕事が増えるようになりました。無料塾を作りたいという方から寄せられる見学希望の申し出です。初めての見学は、千葉県からいらした方でした。まだ具体的には何も決まっていませんでしたが、子どもたちのためになりたいとのお考えで、当時の八王子つばめ塾を見学されました。

私はとてもうれしく感じたのと同時に、自分が国分寺無料塾に見学に行ったときのことを思い出しました。八王子つばめ塾という名前しか決まっておらず、「こんな立派な塾ができるのかな？」と胸をドキドキさせながら訪問しました。その1年半後に、見学されるほうになっているとは、そのときは思いもよりませんでした。

全国の「弟子」の活躍

おかげさまで、八王子つばめ塾を見学に来て無料塾を立ち上げる方は、全国各地に増えています。私からの勝手な定義づけで「無料塾を立ち上げる前に、八王子つばめ塾へ見学に来てくれたら『弟子』と呼ぶ」ことにしていて、現在では全国に40団体以上の弟子がいます。

どの弟子も熱い思いがあって見学にいらっしゃった方ばかりで、いろいろな思い出があります。本来ならばすべての弟子について紹介したいのですが、紙幅の都合上、一部の弟子を紹介します。

★一般社団法人 さなぎの杜（岐阜県揖斐郡大野町）

設立者の宇《う》佐《さ》美《み》美《み》弥《や》子《こ》さんは、八王子つばめ塾を始めてから2年後くらいに、わざわざ岐阜から新幹線に乗って八王子まで見学に来られて、その情熱に驚きました。

２０１４年に、岐阜県の大野町で寄り添い型学習支援を行う「さなぎの杜《もり》」を立ち上げられました。

★相模原みのり塾（神奈川県相模原市緑区）

代表の小布施《おぶせ》実穂子《みほこ》さんは、ご夫妻で八王子つばめ塾の講師として初期から関わってくれた方です。熱心に取り組まれる中で「地元の相模原市で、子どもたちに関わりたい」ということで独立されました。

通常、無料塾立ち上げの相談は、八王子つばめ塾の歴史の説明に１時間、無料塾運営方法のレクチャーに２時間、合計で３時間ほどかかるのですが、八王子つばめ塾のことは熟知されていたため運営方法のレクチャー２時間のみで終わりました。夫の小布施《おぶせ》洋《ひろし》さんには現在も八王子つばめ塾の監事を務めていただいています。

★ＮＰＯ法人 阪神つばめ学習会（兵庫県西宮市・神戸市灘区）

代表の庄司知泰《しょうじともひろ》さんが、２０１５年に兵庫県からわざわざ見学に来られました。初めて会ったときから妙にウマが合い、本音で話せる友人です。阪神つばめ学習会のすごいところは、「阪神つばめ学習会のように無料塾をやりたい」という方が多くいらっしゃり、その影響で近畿地方には「つばめ学習会」を名乗る無料塾が多いところです。また、初期メンバーには「ＮＰＯ法人 東海つばめ学習会」を設立された柿本知樹《かきもともとき》さんもいるなど、人材輩出力も持つ団体です。

★ＮＰＯ法人リーダーズカフェ 宝塚つばめ学習会（兵庫県宝塚市）

阪神つばめ学習会の活動を見て、代表の皐月秀起《さつきひでおき》さんが始められた無料塾です。八王子つばめ塾にもあいさつに来られ、著書『子どもたちに学びの場を「無料塾」の挑戦』（幻冬舎、２０１９年）でも私のことを書いてくれました。

宝塚つばめ学習会のユニークなところは、「大学生にスキルアップの機会を提供し、社会に出て活躍できるようにさまざまなサポートをしたい」という思いから、無料塾を大学生の活動の一環《いっかん》として行っていることです。ボランティア講師の多くは大学生が担当しています。

★高槻つばめ学習会（大阪府高槻市）

設立者の茶山《ちゃやま》敬子《けいこ》さんは、八王子つばめ塾の南大沢教室を見学されました。そのとき、ファミリーレストランで立ち上げのアドバイスをしたのを覚えています。後日、「小宮さんが、〝無料塾を作ったからといってばら色の世界が広がるわけではない。代表が汗をかくところを見せることが大事〟とアドバイスしてくれてよかった」と言ってくれました。

★鶴川つばめ塾（東京都町田市）

事務局長の川崎《かわさき》友理江《ゆりえ》さんが、たまたま私の講演会を聞きに来てくれて、出身大学が同じということで、無料塾の立ち上げ相談を受けました。川崎さんの地元である町田市鶴川で子どもたちのために尽力したいと立ち上げられました。一応、私が名誉塾長になっています。鶴川つばめ塾では、八王子つばめ塾で教えた卒業生が講師として活躍しています。

★日野すみれ塾（東京都日野市）

八王子市のお隣の日野市で仁《に》藤《とう》夏《なつ》子《こ》さんが始められました。ご自身も４人のお子さんを育てているので、勉強を教えるだけでなく食事を出したり合宿をしたりと、お母さん目線で子どもたちの面倒を総合的に見ているのが印象的です。秋には、私が教室にお邪魔して「都立高入試に向けて」という講座を受け持っています。講義の後は私も塾生の進路相談に乗っています。

★かわさき芽吹塾（神奈川県川崎市高津区・中原区）
神奈川県の高校の同級生が大学生になってから2人で立ち上げた塾で、ボランティア講師も高校生・大学生・大学院生のみです。大学生が自身の体験談をもとに、進路について中高生とともに考える「人生の針路（進路）座談会」も開催されています。代表の吉沢《よしざわ》春《はる》陽《ひ》さんは、新聞やテレビでも何度もインタビューされており、とても大勢の生徒が学んでいます。

★あすのち（神奈川県座間市・横浜市西区）
高校生5人組が立ち上げた無料塾です。代表の乾《いぬい》さんからの塾への見学申し込みメールには、「学生です。無料塾を立ち上げたいです」と書いてありました。

「学生」を勝手に「大学生」と解釈した私は、待ち合わせ場所で大学生らしき人物を探しましたが、そこには高校生が1人立っているだけです。「この人じゃないな」と勝手に思い込んでいたところ、時間になっても現れないので携帯に電話をかけたら、目の前の高校生が電話に出たのでとても驚いたのをよく覚えています。

話を聞けば、高校１年生と２年生の５人組で小学生のための無料塾を作りたいとのこと。私が「子どもの居場所ではだめなの？」と聞くと「いや、無料で勉強できるところがいいんです。私も中学生のとき、無料で通える塾があったらいいなと思っていました。こうして高校生になった今、自分たちで無料塾を作りたいんです」と言います。熱い思いに心底驚き、とてもうれしく頼もしく感じました。

しかも無料塾の開設を知らせる最初のチラシは、５人で合わせて３千円の印刷費を出して刷ると聞いて、私は慌てて「これを使ってください。高校生が子どもたちのために力を尽くすだけで尊いことなのに、その費用まで出させてしまっては、社会は何をやっているんだということになる」とその場で財布から３千円を寄付をしました。高校生たちの活動に、本当に心が熱くなりました。現在も、乾さんは社会人として働きながら、あすのちの活動を続けられています。

★中野よもぎ塾（東京都中野区）

代表の大西《おおにし》桃子《ももこ》さんは、見学前から無料塾の立ち上げを詳細に計画していました。八王子つばめ塾へ見学に来たときには「あとは塾の代表電話をどうしたらいいか」を決める程度でしたので、弟子と呼んでいいのか迷うくらいですが、八王子つばめ塾の定義では一応弟子なのでここに記します。

中野よもぎ塾では、1時間目と2時間目は個別指導、3時間目には集団授業を行っています。集団授業がとても特徴的で、俳句会や朗読会、英会話、キャリア教育など、試験科目の勉強だけにとどまらない総合的な学びの場を提供しています。

中野区内には大西さんの活動を見学後に無料塾を始めた方も多くいたり、近隣の子ども食堂とコネクションがあったりと、大西さんを経由した横のつながりも大きくなっています。また過去には、中野よもぎ塾主催のサマーキャンプに八王子つばめ塾の生徒が参加するなど、大変お世話になりました。大西さんとは無料塾を広めるための「無料塾セミナー」を開催しており、何度も一緒に講演を行っています。

★杉並わっか塾（東京都杉並区）

会社勤めをされていた境田《さかいだ》二也《かずや》さんが始めた無料塾です。会社員になる以前は個人で有料塾を経営されていましたが、塾を閉じて会社員に転職されました。しかし、子どもの教育に携わりたいという思いが消えることはなく、杉並わっか塾を立ち上げるべく見学に来られました。会社員と無料塾の運営を両立させることで、生活を守りながら子どもや社会の役に立ち、自分自身の生きがいを見いだされています。

★保谷いちご塾（東京都西東京市）

２０２３年の1月にプレオープンした新しい無料塾で、薬剤師の小田さんが、働きながら立ち上げました。地元ではない場所で、しかも地縁《ちえん》血縁《けつえん》がない中で奮闘され、現在5名の生徒さんが学んでいます。

★NPO法人 東海つばめ学習会（愛知県春日井市）

阪神つばめ学習会の初期メンバーの1人である柿本知樹《かきもとともき》さんが立ち上げられました。設立前に、わざわざ八王子つばめ塾発祥の地である元横山教室を訪ねてきてくれました。柿本さんは「仕事をしながら、会社員でも運営できる無料塾を作る」という信念を持っています。

「小宮さんは、一生懸命無料塾をされています。でも小宮さんのように、正社員の立場を放り投げてまでできる人はそこまで多くはありません。だから私は働きながら運営できる無料塾を目指します」と言ってくれて、私はとても感動しました。

そうなんです。私はもともと貧困家庭に育ったため、非正規雇用《ひせいきこよう》で苦しい生活を送りながら無料塾を運営してもへっちゃらですが、そう簡単にできないことも認識しています。だから、柿本さんの掲げる信念を持って立ち上げてもらえると無料塾はもっと増える、とうれしく思いました。

★淵野辺つばめ塾（神奈川県相模原市中央区）

ここは、私が任意団体として運営を始めたので、いわゆる「弟子」ではないのですが紹介しておきます。

八王子市の隣の神奈川県相模原市に、カキザワ工務店という注文住宅などを手がける工務店があります。当時の社長さんが市内にある工務店のモデルルームを地域のために役立てたいと思い立ったのをきっかけにして、社員の方から無料塾に使えないかと連絡をいただきました。

しかし八王子市の隣とはいえさすがに遠いので、私の代わりに無料塾をやってくれる方がいないだろうかと思っていました。その時に相模原駅近くで学習塾を営む鈴《すず》木《き》雄大《たけひろ》さん・佳《か》奈《な》子《こ》さんご夫妻から「無料塾の手伝いをしたい」という渡りに船の申し出があったのです。そこで、カキザワ工務店のモデルルームを会場に、毎週日曜日に淵野辺つばめ塾として無料塾を開催し、鈴木さんご夫妻に運営をお任せすることになりました。すぐに生徒や講師が増え、週１日では間に合わなくなったため、毎週水曜日に淵野辺駅前の大野北公民館でも開催するようになりました。

淵野辺つばめ塾の事務局長を私が兼任していましたが、生徒や講師の募集・管理の負担が増大したため、２０２３年６月にＮＰＯ法人八王子つばめ塾へ吸収合併し、現在は一体運営を行っています。

★ＮＰＯ法人東京つばめ無料塾（東京都文京区・調布市・足立区・板橋区）

２０１８年に、大手町で中華料理店を経営する砂子田《すなこだ》薫《かおる》さんが八王子つばめ塾を訪問され、「なぜ八王子だけなんですか？　東京の区部にも困っている子どもは多くいるはずです。一緒にやりましょう」と私へ呼びかけたことから始まりました。

八王子つばめ塾を八王子以外の地域へ広げるという考えは当時はなかったため、東京つばめ無料塾として別法人を立ち上げることにしました。文京区内の区民施設の会議室を借りて２０１９年の春にスタートしましたが、１年後にコロナ禍に巻き込まれて活動を停止せざるを得ませんでした。しかし、砂子田さんが自動車ディーラーのトヨタモビリティ東京株式会社の方と知り合いになったのをきっかけに、店舗の会議室を無償で貸してもらえることになりました。２０２３年10月現在、調布市、足立区、板橋区でトヨタモビリティ東京株式会社の店舗の会議室を、文京区では区民会議室を借りて授業を行っています。

全国の学習支援活動、支援団体の紹介

八王子つばめ塾の弟子以外にも、全国各地で独自の無料塾や、さまざまなボランティア団体が多数活動しています。

☆一般社団法人 慈有塾（東京都多摩市・八王子市・葛飾区）

さまざまな理由で学習機会を逃してしまった若者を主な対象として、学習機会を提供している無料塾です。八王子つばめ塾が中高生のみを対象としているのに対し、

慈有塾《じゆうじゅく》の対象年齢は15歳～40歳と幅広く、お子さんのいる方が授業を受けられるように、子連れでの授業にも対応しています。高等学校卒業程度認定試験（高卒認定試験）への合格や大学受験を目指す人を受け入れ、セカンドチャンスをつかむ機会をサポートしています。小中高生の学習支援は、応相談にて受け付けています。

☆甲州無料塾ココロ（山梨県甲府市）

八王子つばめ塾と同様に、経済的理由などで、有料の塾や家庭教師を利用していない生徒を対象に、無料の学習支援を行っています。不登校の生徒の補習や、高卒認定試験を受けたい人への学習支援もされています。代表の西田隆男《にしだたかお》さんは、公認心理師の資格やスクールカウンセラーの経験を持っており、教育と臨床心理の専門家の視点から保護者をサポートする無料相談も行っています。

☆神戸みらい学習室（兵庫県神戸市西区）

「すべての子どもに、等しく教育の機会を。」というスローガンを理念に掲げ、神戸市職員の有志が、２０１７年４月に始めた無料学習室です。地元の大学生や社会人がボランティアで講師を務め、それぞれの子どもの学習スタイルや学力等に応じた、自習支援や個別指導などの支援を行っています。外部模試の受験料を学習室が負担する制度のほか、大学生などが勉強する意義を生徒へプレゼンする「夢ゼミ」を通じて生徒の将来の夢を提案する取り組みなどを行っています。

☆ＮＰＯ法人ふらいおん（大阪府大阪市淀川区ほか）

大阪教育大学の学生が立ち上げた団体です。教育をテーマに、教育格差の是正や、ＩＴによる教育現場のサポートなど、幅広く教育のために活動しています。対象となる学年や協力先別に「無料塾 Sien」「寺子屋 Teller」「無料塾 あんだんて」「無料塾 ぐるにえ」と、４拠点の無料塾を運営しています。事業内容は幅広く、書道教室や学童保育、学習アプリ開発、ワークショップの開催など多岐にわたります。

☆昼間の塾 フレップ（東京都八王子市）

東京都内の不登校や引きこもりの子どもたちのサポートを専門とするフリースクールを運営しています。子どもたちが安心して過ごせる空間作りを大切にするとともに、保護者がリラックスして悩みを話せる環境を整えているのが特徴です。勉強のほか、絵やものづくり、外遊びやイベントなどさまざまな学びを通じて自己肯定感を育み、家とも学校とも違うもう１つの居場所となる取り組みを続けています。

☆認定ＮＰＯ法人カタリバ（東京都杉並区ほか）

どんな環境に生まれ育った10代も、未来を自らつくりだす意欲と創造性を育める社会を目指し、２００１年から活動する教育ＮＰＯ。社会の変化に応じてさまざまな教育活動に取り組んでおり、活動の１つ「アダチベース」では、足立区の中高生を主な対象として、居場所・体験・食事を地域と連携しながら子どもたちに届けるとともに、学習支援も行っています。

☆国際協力ＮＧＯワールド・ビジョン・ジャパン（東京都中野区）

１９５０年にアメリカで設立され、現在は世界約１００カ国で、宗教、人種、民族、性別にかかわらず、すべての子どもたちが健やかに成長できる世界を目指して活動しています。継続的な支援「チャイルド・スポンサーシップ」を通じて支援した子どもから、年に1度、写真とともに成長報告書が送られてきたり、手紙を通じて子どもと直接交流することができるのが特徴です。

☆認定ＮＰＯ法人テラ・ルネッサンス（京都府京都市下京区）

地雷被害の続くカンボジアの地雷原を目の当たりにした、当時立命館大学の学生だった鬼丸《おにまる》昌也《まさや》さんが、「自分に何ができるのか」と問いかけた末、２００１年に設立した国際協力NPOです。地雷除去支援のほか、ウガンダなどの紛争・災害被災地域での復興支援事業、地雷被害者や除隊《じょたい》兵士といった紛争被害者への支援事業、一般市民を対象とした地球市民意識の啓発活動などを行っています。

ボランティア、寄付活動が当たり前の世の中に

順境に驕らず、逆境にめげず

「無料塾という生き方」とは、結局「他者に奉仕する生き方」に、ほかなりません。別に無料塾でなくても構わないのです。子ども食堂でも、フードバンク活動でも全然構わないのです。

しかし、他者に奉仕するとしても、経済的にすでに恵まれている人、社会的地位が高い人に奉仕するのではあまり意味がないと思っています。今、つらい思いをし

ている人、弱い立場にいる人、そういう人に無料で奉仕することに意味があります。
私は、小学校の卒業時に、理科の先生が卒業アルバムに書いてくれた言葉をずっと大事にしてきました。

「順境に驕《おご》らず、逆境にめげず」

私の出た小学校は都営団地のど真ん中にあり、８割ほどの生徒が貧困家庭でした。あの先生はよい言葉を生徒に寄せてくれたものだと今でも思います。中高生の苦しかったときに、この言葉をいつも思い出していました。どんなに不利な状況に追い込まれても、めげずに前を向いてこられたのは、この言葉のおかげでもあります。

自分はどっち？

それから数十年がたった今、この本を書きながら、この言葉には別の見方があることに気づきました。

「今、順境にある人は、その運命に決して驕ることなく」「今、逆境にある人は、その運命にめげることなく」。そういう、社会全体に向けた言葉としても捉えられることに気づいたのです。私は、八王子つばめ塾設立以来、常に「自分はラッキーな家に生まれた」と思っています。貧しい生活は、確かに厳しかったしつらいものでした。しかし、将来を決める大事な分岐点では、祖父母に学費を出してもらえた。なんと恵まれた家に生まれたのだろうかと思っています。

これを「順境」と表現しなければ、経済的理由で進学を諦めた人に申し訳が立ちません。そう考えれば、順境にある人間が、逆境にある人に対して、動く、手を差し伸べる、奉仕する、ボランティアするのは、当然のことであり、何も特別なことではありません。そう思って毎日八王子つばめ塾に取り組んでいます。

ひとりひとりができることを

だから、多くの人に呼びかけたいと思っているのは、「自分の順境に気づいてほしい、そして逆境にある人のために、少しでもいいから動いてほしい」ということです。１日20分でも、動いてもらえたら。１週間分まとめれば１４０分。十分にボランティア活動ができる時間です。八王子つばめ塾の授業時間は１回１２０分ですから。

自分が動けないという人でも、できることはあります。お金を寄付することです。活動場所を無償で提供してくれることでも実現できます。ＳＮＳ等でよい活動や共感できる活動を広めてくれたり、応援してくれるだけでもありがたいことです。「小さなことを積み重ねて、逆境にある人のことを応援していこう！」といつも私は呼びかけています。そのために、新聞やテレビの取材は断ったことがありません。八王子つばめ塾をはじめとする無料塾を、より多くの人に知ってもらい、活動してもらいたいからです。

生まれながらの「有利」「不利」

もうひとつ大事なことがあります。それは「自己責任の見方」をやめることです。無料塾の場合の自己責任の見方とは、「親が離婚するのが悪い」「勉強できないのは、その子が悪い」など、その人に原因を押し付ける見方、考え方のことです。

日本は、バブル経済の時期を経て、各家庭や各人がお金を稼ぎ、必要なことはお金で解決するという考えが広まってしまったように私は考えています。しかし、不景気が続く中、お金で解決できる範囲は狭まっています。そして人間には生まれ持った、自分ではどうしようもないスタートラインがあります。

人間には誰しも性格の違いがあるように、「有利」「不利」はあります。自分の「不利」をお金でカバーしてくれる家庭に生を受ければよいですが、そうでなければ、その「不利」がそのままスタートラインに影響します。

「人間は、生育環境を自分で選んで生まれてくることはできない。だからこそ、社会全体が助け合わなければならない」と考えています。それが社会を構成するということではないでしょうか？　仙人のように山の中で孤独に生きているのではないのですから。

「幸せのおすそ分け」で200人

私は貧しい家庭に育ちました。だから、経済的に苦しい家庭の子どもたちに奉仕するという生き方は、本当に満足できる生き方なんです。誰かに強制されることなく、自分の意志で生きています。私は、八王子つばめ塾のボランティア講師を、「講師が足りないんです！」とか「無料塾の社会的意義とは！」と大声を張り上げて集める気は全くありません。「幸せのおすそ分け」をしているつもりなんです。

自分自身が無料塾の活動を通して、生きがいのある人生を送れるようになれた。幸せになれた。だから「あなたもやりませんか？」と、こういう気持ちで呼びかけています。だって、１円の得にもならないことのために、こんなに毎週真剣にボランティアをしてくれる人なんて、そうそういるものじゃない。八王子つばめ塾を通じて、２００人以上のそんなすばらしい人に出会うことができたのです。こんなに幸せなことはありません。特に、講師自身が苦しい境遇を経験して、現在は八王子つばめ塾のボランティアをしているという方の話を聞くと、感激で涙が出てきます。

また、塾生の中でも、苦しい家庭に育ちながら一生懸命勉強している、そんな後ろ姿を見ると、心の中で思わず「頑張れよ！」とエールを送りたくなるし、やる気のある子どもたちに学習に打ち込める時間を作り出せたことを、本当に誇りに思えます。指導してくださるボランティア講師にも、心からお礼を言えます。

こんな幸せを得られるのだから、「どうしてボランティアをしないのだろう？　お金で孤独なぜいたくを買うより、とても幸せな時間があるのに」と思います。私は、無料塾の設立者だから、無料塾で幸せを感じますが、もちろん、他のボランティアでもいいと思うのです。料理が得意なら子ども食堂は楽しいと思うし、フードバンク活動で、苦境にある人を直接応援するのもやりがいがあるでしょう。

さあ、今までの生き方をちょっとだけ変えて、逆境にある人のために生かしてみませんか？　今までの生き方は否定されません。むしろ生かされるのです。向きを変えて、あとは1歩踏み出すだけです。頑張っていきなり10歩進む必要はありません。たった1歩、足を出せば、次の2歩目はおのずと決まってきます。人を幸せにするために。自分が幸せになるために。

公務員の夢を、1年越しでかなえたまこと君

まこと君（仮名）は、八王子つばめ塾が始まった初期の頃から通っていた生徒です。小学5年生のとき、中学生のお姉さんと一緒に八王子つばめ塾に入ってきました。入塾の際の面談のことを今でもはっきり覚えています。

家族総出で来てくれたのですが、まだ幼稚園生の妹さんが、「お兄ちゃんは、バカだからね～」と笑いながら大きな声で言ったので、怒るのかな？　とまこと君の顔を見ましたが、ただニコニコするばかり。穏やかな性格の子なんだと思いました。

塾に通うようになってからも、やはりおっとりとしたタイプで、最初は小学校の課題の1行日記を書くのにも悩んでいるような感じでした。

「今日は何をして遊んだの？」

「クラスのお友達とサッカーをした」

「じゃあ、それを書いたら？」

そんな彼の持ち味は、真面目にコツコツ勉強できること。中学1年生から3年間、八

王子つばめ塾で頑張り、地元の都立高校に進学しました。

「八王子つばめ塾のおかげで高校に入れました。後輩のために使ってください」とアルバイト代の中から寄付を持ってきてくれたこともあります。彼は高校入学時から、高卒で就職したいと考えていて、数ある仕事の中から、公務員を志望しました。高校卒業時には公務員になる目標はかないませんでしたが、コツコツと1年間勉強を続け、翌年に公務員試験に見事合格。今では多摩地方の行政機関で働いています。

　八王子つばめ塾の卒業生の中には、高卒で就職する生徒が3割程度います。「高卒で公務員になった」というまこと君のストーリーは、生徒にとってかなり魅力的に見えるはずです。２０２３年9月に開いた「八王子つばめ塾就職フェア」にはもちろん彼も参加してくれました。公務員志望の八王子つばめ塾の卒業生に、いろいろな体験談を話してくれました。

　八王子つばめ塾には多様な人材が育っていると、まこと君の話す姿を見て頼もしく感じました。

第4章
もしもあなたが、学習支援を始めようと思ったら

八王子つばめ塾には「私も無料塾を立ち上げたい」
という見学希望者が数多く訪れますが、
まだまだ無料塾の数は足りません。
この本を通じて、
学習支援に携わる人が１人でも増えるよう、
無料塾運営の秘訣を紹介したいと思います。

無料塾の始め方

無料塾の運営に向いている方

運営者の一番の適性は、「人に頭を下げられること、１歩下がれること」。これに尽きると思います。

あくまでも活動はボランティアベースですから、生徒が急に休んだときには、やることのない講師に「生徒が急に休んでしまって申し訳ない」と、運営者は頭を下げなければなりません。

素質として１つ挙げるとすれば、「自分の苦労をいとわず、人の苦労をなんとかしてあげたいと思えるかどうか」ではないでしょうか。運営を続ければ続けるほど、細かな問題や、思いどおりにいかないことに、いくどとなく直面します。

私の場合は、ウガンダの子どもたちの悲惨な状況を見てきましたし、幼少期の貧困も経験していますから、「これくらいの苦労は苦労のうちに入らんな！」と思えます。そして、苦労している生徒に出会うたびに、「全部の状況を好転させられないけれど、八王子つばめ塾のできる範囲でなんとかできないものか……」といつも考えてきました。その結果が、現在の食料支援や奨学金創設につながっています。

設立準備のしかた

ここでは無料塾を立ち上げる方法について、一般的なアドバイスを述べます。
まず、無料塾を始めるときの、準備の優先順位です。

1、場所　2、講師　3、生徒

この順番が大切です。場所を最初に決めないと、生徒や講師は通えるかを判断できません。場所が決まっても、講師が1人もいない状態で設立の告知をすることはできません。公民館のように、公共性があって、通塾に便利な場所が最適です。

費用を考えると、無料で利用できる個人宅という選択肢も考えられますが、デメリットもあります。個人宅の会場は、中高生の、特に女の子が通いづらいからです。自分が親御さんの身になれば、よく分かると思います。もちろん、自宅で始めることがいけないということはありませんが、最初は生徒が集まりづらいというデメリットも認識しておいたほうがいいと思います。生徒が増えて、信頼関係が構築できてくれば、問題ありません。

公民館は意外と安く借りられます。週1回の開催ならそこまで大きな負担にはなりません。八王子つばめ塾ではお願いはしていませんが、講師の人数が多ければ、カンパを募るなどして、負担を分担することもできるでしょう。

講師が教える科目のうち、一番需要があるのは数学と英語です。最初はどちらかの教科の講師がいれば、とりあえず始められます。国語、理科、社会の先生だけの場合、スタートはできても尻すぼみになってしまうでしょう。

実は、生徒を集めるのが一番難しいのです。地元の中学校や小学校の校長先生、ＰＴＡに知り合いがいれば比較的早く集まります。その学校の生徒へチラシを配ってもらったり、紹介してもらえる可能性があるからです。学校の先生の中でも生徒の家庭環境をよくご存《ぞん》じなのが、生徒の悩みを聞く機会が多い養護教諭です。その養護教諭に無料塾のことを伝えてもらえるだけでも、宣伝効果は全く違います。

最後に広報手段ですが、今の時代、インターネットで検索をかけても何も情報が出てこないと、「ないもの」とされてしまいます。無料のサービスでも十分ですので、公式ブログや公式ＳＮＳなどを開設し、たまに更新してください。

生徒、講師、寄付を集める

生徒を集めるには

生徒を集めるために効率よく告知をしようと考えると、チラシを広く配布するのが一番手軽な方法のように思えるかもしれませんが、あまりお薦めできません。理由は簡単です。子どもの貧困率は約11％ですから、受け取った方の11％にしか意味がないからです。しかもその家庭全員が応募してくれるわけではないことを考えると、効率がいいとは言えません。

もしチラシを作成するなら、地域の公民館や児童館、学童保育の施設、子ども食堂あたりに、数部置いてもらうのがいいでしょう。とはいえ、八王子つばめ塾はチラシを置いてもらったことはありません。ホームページでの告知のみです。

チラシを広く配布しない理由はもう1つあります。情報の更新ができないからです。特に、無料塾設立直後は授業の時間や曜日、教室の場所などが定まっておらず、頻繁に変更する可能性があります。ホームページなら、更新や変更が随時行えます。したがって、チラシは費用や人手の割に、生徒募集の効果は薄いと考えています。

入塾希望の連絡は、生徒自身ではなく、保護者が行うケースがほとんどです。流れとしては、子どもが「塾に行きたい」と親に相談し、親が「う〜ん、お金がないからちょっと調べてみるね」と言って、無料塾の情報にたどり着くケースが多いです。こういった流れなので、生徒から応募が来ることはまずありません。

開始時の生徒の人数が少ないことを気にする方もいますが、私の経験から言えば、全く気にする必要はありません。無料塾設立者は誰でも最初は「初心者」です。その状態で設立初日から10人の子どもが押しかけたら、とても対応できないはずです。「生徒が少ない状態で経験を積んでいき、ゆくゆくは多くの子どもたちの面倒を見られるようになる」。こう考えてほしいと思います。

無料塾の情報をＷＥＢに公開するならば、InstagramやTikTokとは親和性が低いので、「ブログ」「ホームページ」「X（旧Twitter）」あたりがいいと思われます。なぜ親和性が低いかというと、活動自体は同じことの繰り返しですから、毎週更新したとしても同じ写真ばかりで変化に乏しいためです。

ちなみに八王子つばめ塾では、生徒よりも講師のほうが先に集まり、「やる気のあるボランティアが来てくれたのに、生徒がいないのではもったいない」と、生徒集めに奔走《ほんそう》しました。生徒が集まり始めた大きなきっかけは、中学校長会で八王子つばめ塾を紹介する機会を得たことです。

始まりは、八王子市議会議員をしている旧来の知人と、八王子駅前で偶然再会したことでした。この知人が八王子市の教育委員会を紹介してくれ、その教育委員会が八王子市立中学校長会に連絡を取ってくれました。こうして、校長会で八王子つばめ塾を紹介する機会を設けてもらうことになったのです。

この紹介の後、ある中学校の校長先生が、自校の全校生徒にチラシを印刷して配ってくれました。その後、その中学から生徒が入って来るようになり、一時期は

20人くらいの生徒が通って来ていました。

私の場合、縁あって八王子市の中学校長会で話ができたことから生徒が集まり始めたので、地元の小学校や中学校に何らかのアプローチをするのもいいと思います。地元のコミュニティー誌に取り上げてもらうのもいいでしょう。

ちなみに、今の八王子つばめ塾の入塾経路は、「きょうだい入塾」「インターネット検索」「知り合いに聞いた」が、それぞれ3分の1ずつとなっています。

講師を集めるには

生徒募集と同様、講師募集の告知はホームページだけで行っています。ボランティア募集を広く告知してくれる有料のサイトもありますが、使うとしても初期だけで十分だと思います。いわゆる過疎地域では講師を集めるのに苦労すると思いますが、大都市圏やその近郊部であれば、そこまで苦労はしないと思います。

なお、科目でいうと英語と数学の需要が非常に高いので、どちらかの教科を教える力がある講師が集まれば無料塾は始められます。中学生の英語、数学を全く教えられない方しかいない状態であれば、ある程度追加のボランティア講師のめどがついて、英語と数学に対応できる状態になってから始めたほうがいいでしょう。

実は、私が国語と社会しか教えられなかったので、最初の生徒から「今日は国語だったけど、来週は英語を教えてほしい！」と言われたときはとても焦りました。ただ、すぐに英語を教えられる講師からの応募があり、事なきを得ました。

寄付を集めるには

私自身は、名刺を持って「寄付をお願いします」と歩いたことは実は一度もありません。理由は簡単で、「お願いされた寄付」は長続きしないからです。確かに、1回くらいは「小宮にお願いされたから寄付してあげよう」と思ってもらえるかもしれません。しかし、心から「無料塾に頑張ってもらいたい」と思ってもらえないと、継続した寄付にはつながらないと思っています。

それでは、継続的な寄付を集めるにはどのようにすればいいのでしょうか。方法は2つあると思っています。

①理念、思いを語る

これが一番大切です。数ある寄付先の中から選ばれるには、積極的な理由が必要です。なぜ無料塾を立ち上げたいと思ったのか、それぞれに熱い思い、ストーリーがあるはずです。それを語っていくことで、寄付者の共感を得られ、「応援しよう！」という気持ちになってくれます。

②より多くの方に知ってもらう

端的に言うと、今の日本には、寄付という行為をする人は多くありません。したがって身の回り、つまり私であれば56万人の八王子市民だけに呼びかけても十分な寄付は集まりません。現に八王子つばめ塾は、北海道から熊本県まで、広範囲の方からの寄付で成り立っています。

そのためには、新聞やラジオ、テレビなど、マスコミを利用するのが1つの手です。八王子つばめ塾も、地元のコミュニティー誌やラジオから始まり、ありとあらゆる媒体に出てきました。取材もほとんど断ったことはありません。それは、単に寄付だけを目的としているわけではなく、無料塾を知ってもらい、生徒や講師の応募も増えるようにと考えてのことです。

この2つの方法には、成功するための重要なポイントがあります。それは、地道にコツコツと活動を続けることです。

したがって、寄付が集まるまでは、身の丈にあった活動をすることになります。八王子つばめ塾も始めてから2年間はほとんど寄付がなく、その間は36万円ほど、自分の貯金や私の活動を応援してくれた両親からの支援金でまかないました。コツコツと学習支援を続けることによって周りからの信頼が得られ、マスコミにも取り上げられ、やがて寄付が集まるようになります。焦らないことが肝心《かんじん》です。

今の時代は、クラウドファンディングという手法もありますが、どちらかというと、短期集中で寄付を募るタイプが多いので、八王子つばめ塾では実施していません。ただ、インターネットを使った発信が得意な方であれば、十分よい手だと思います（東京つばめ無料塾では実施する予定です）。

代表者としての心構え

トラブルが起きたときは

連絡や気持ちの行き違いによるトラブルは、多くないとはいえ必ずあります。私は2つの方針で対応しています。

①クレームには完璧なレスポンスよりも速さを

完璧な内容を考えていては、初動までに1日も2日もたってしまい、相手の不信感は増すばかりです。したがってクレームにはできるだけ速く対処します。その後のやり取りの中で、言い分をしっかり聞かせてもらい、譲歩できることはなるべく譲歩します。

しかし、「無料塾の本義《ほんぎ》に関わることは絶対に譲らない」と決めています。枝葉末節にこだわることはあまり意味がなく、柔軟に変えることがあってもいいと思います。しかし、無料塾を行う意味、意義に関すること、つまり「それなら無料塾とは言えなくなってしまうのではないか？」という事柄に関しては、毅然《きぜん》と「それはできません」と言うことにしています。

②ときには相談されるまで待つ

生徒の保護者から相談が来ることがあります。例えば「講師との相性」などです。

保護者から要求があったときには、かなり煮詰まった状態での連絡だなと即座に判断し、安心してもらう方策をすぐに取ります。保護者としては、「無料で勉強を見てもらっているんだから」という思いがあるので、「ボランティアで教えてもらっているんだから、ぜいたくは言えないわよ」というように、事前に子どもを諭していることがほとんどです。

それでもお子さんが困っている様子を見て、「これは事務局長に相談してみよう」というアクションを起こした結果だと認識しています。つまり、相談が来たときにはいわば「堤防が決壊した状態」になっているのです。もちろん、そうなる前に私が見抜いて、担当講師を変えるなどの対策ができればよいのですが、ボランティア講師が何百人もいるわけでもない中で、生徒全員に最高の相性の講師を担当につけることはできません。

したがって、授業中には気をつけて様子を見つつも、保護者からの相談を待ちます。その代わり、相談が来たら迅速に対処するようにしています。

ボランティアとの向き合い方

基本は、ボランティアをお願いする立場ですから、「頭を下げる」のが原則です。ただ、中には「始終ペコペコするのはどうか……」「運営者とボランティアは対等の立場じゃないか……」と考える方もいらっしゃると思います。

私はこう考えています。運営者は「生徒と保護者の代理」だと思うのです。保護者の立場だったら、「先生、うちの子の勉強を、どうぞよろしくお願いいたします」とボランティア講師に対して頭を下げると思うのです。それと同じです。

授業に関しては、生徒の勉強をお願いする立場ですが、運営に関してはトップダウンを原則としています。多様な立場の人の集まりであるボランティア団体は、「船頭多くして船山に上る」が往々にしてあるからです。何が正解か分からないことだらけです。多くのボランティアやスタッフが同じ立場で意見を言い、それをすべてまとめようとすれば、何か1つ決めようとするたびに多大な時間がかかります。変化に即応《そくおう》することは、小規模団体においては大きなマイナスです。ですから、事務局長の私が決定してそれを通知する形を取っています。

ただしトップダウンだからと言って、やみくもに押し付けているわけではありません。ボランティアやスタッフから、意見はいろいろ聞かせてもらいます。でも、どの方針を採用するかを最終判断するのは1人というわけです。授業での細かなやり方は講師へいちいち指示しない代わり、無料塾の本義に関することや運営方針には従ってもらう、ということです。

残り1％の「秘訣」

この第4章で、無料塾の立ち上げ方のほとんどをお話しました。授業のやり方など、細かいことは、第3章までで述べていますので、それを参考にしていただければと思います。

また、八王子つばめ塾の公式サイトや私の書いている公式ブログに書いてあることを含めれば、無料塾を立ち上げる方法の99％は公開しています。

ただ1つだけ、今まで一度も文字にしたことがない秘訣《ひけつ》があります。それはボランティア講師に関することです。このノウハウを知らなくても十分に運営できますが、無料塾を11年間運営し続けて「ああ、これが長年運営を続けるためのコツだな」と思うことが1つだけあるのです。ただ、これを書いてしまうと団体運営に不都合が生じるので、八王子つばめ塾の講師にもこのことは伝えていません。

ただし、無料塾を立ち上げたいと見学に来られた方や、オンラインで直接話す方には、「この秘訣を、文字にしてＳＮＳやホームページに書いたり、メールで誰かに伝えない」という「口伝」を条件として、惜しむことなく伝えています。

大事なことなのでもう一度書きますが、この秘訣を知らないからといって、無料塾を運営できないということは一切ありません。ただ、よりよく、スムーズに運営するためには、これを知っておいたほうがいいだろうな、と思うだけのことです。

本書を読んで、「無料塾を立ち上げてみよう」と本気で思われた方は、八王子つばめ塾までご連絡ください。2時間程度の時間をいただければ、立ち上げの基本はお伝えできます。

何度も立ち上がってきたほのかさん

八王子つばめ塾の卒業生で、高校卒業後に専門学校へ進学したほのかさん（仮名）という女の子から、進学後にじっくり話を聞く機会がありました。

「私、中学3年生のときに体調を崩して休みがちでしたよね。実は、その時期に両親が離婚したんです。父は暴力を振るったり、浮気をするような人ではなかったのですが、ギャンブルで借金を抱えて。それで母が離婚を決意したんです」

初めて聞く話でした。やはり一番つらいときにはなかなか人には話せないものです。

また、

「高校1年生のときには部活の先輩とうまくいかずに、高校も休みがちでした。でも先輩が卒業した後、通えるようになって、無事に卒業できました」

という話を聞いて、家庭環境や学校の人間関係は、本人の学習環境だけでなく健康にも影響を及ぼすのだと感じました。

しかし、ほのかさんは芯のあるとても前向きな子で、専門学校の「奨学金面接」を受ける前に八王子つばめ塾の講師に連絡をくれ、私と３人で、試験内容を見て対策を考えました。

ほのかさんが専門学校に進学した頃に開いた「食料品お配り会」に親子で来てくれて、そのときにとても小さい男の子もついてきました。誰だろうと思っていると、お母さんが「息子の子どもなんです。離婚して、子どもを引き取って私たちの家へ帰ってきたのですが、本人は仕事で忙しいので私が育てているんです」と話してくれ、とても驚きました。みんなでＢＢＱ大会にも来てくれましたが、ほのかさんもまだ小さなおいっ子さんも、私の息子と遊んだりして、笑顔で過ごしていました。

大変な状況ではあると思いますが、その笑顔を見て、「八王子つばめ塾はいつでも応援しているよ！」と心の中でつぶやきました。

むすびにかえて

こうして11年以上、八王子つばめ塾を運営してきて、振り返ると「よくここまで団体が存続できたな……」と常々思います。まるで見えない大きな存在に導かれていると言っても過言ではないと思っています。そうでなければ、一介のサラリーマンだった人間がこんなにうまく運営できるはずがないとさえ思うのです。

『論語』に、「徳《とく》は孤《こ》ならず、必ず隣《となり》あり」という言葉があります。徳のある人は、孤独にならず、必ずよき支援者が現れるという意味に解釈しています。自分も徳のある人になりたいと願ってはいますが、まだ理想にはほど遠い存在です。しかし、そんな私にも関わらずすばらしい「隣」はたくさん来てくれています。教室では献身的なボランティア講師が、運営については優秀な事務局ボランティアが、寄付については心温かい支援者が、たくさんいらっしゃるのですから。

誰しも生まれてくる家を自分で選ぶことはできません。だから、社会全体で助け合わなければならないと思うのです。

それは決して難しい理論でも理屈でもありません。学術的なデータによる検証を待つ必要もありません。効果が期待されるからやるとか、期待されないからやらないという話でもありません。「困っている人がいたら、手を差し伸べる」。ただそれだけの話ですし、それは「特定の誰かがやればいい」という話でもありません。「みんな」の話なのです。

私は今まで「無料塾絶対主義」と「八王子つばめ塾至上主義」という2つの「主義」を心に持ちながら八王子つばめ塾の運営をしてきました。

「無料塾絶対主義」とは、無料塾という存在が絶対に正しいという主張ではなく、

「誰がなんと言おうと、経済的に苦しい家庭にとって、1円も払わなくていい無料塾は、絶対に必要な存在である」という自分の中での信念です。何かと比較して、社会への影響が高いとか低いとか、コスパがいいとかよくないとか、効果や効率の高低を比べる存在ではないので、「絶対」と表現しています。

一方、「八王子つばめ塾至上主義」とは、「何をしているときよりも、八王子つばめ塾のことをしているときが楽しい」というものです。八王子つばめ塾のことさえできていれば満足です。私が動けば動くほど「八王子つばめ塾が発展する」「無料塾が全国に増える」と思うと、毎日が楽しくて楽しくてしかたありません。このように、自分が楽しいことに没頭していられる裏には、家族の支えがあります。

この11年間、家族の協力なしには、八王子つばめ塾は絶対に続けられなかったと思っています。うちの妻についていつも思うのは「かさこじぞう」のお話です。話自体は皆さんご存《ぞん》じだと思います。

　あのおじいさんとおばあさんは、現代の私たちから見ても、きっと話が生まれた当時から見ても、常識外れな人だと思われたでしょう。笠《かさ》が歳末《さいまつ》の市で売れなかったのはしかたありません。しかし、村の外れのお地蔵さまに、せっかく作った笠を全部「寄付」してしまい、挙げ句の果てには、自分の持ち物であるほっかむりにした手ぬぐいまで差し出してしまいます。さらに、おじいさんが帰宅して、おばあさんがかける言葉がすごいですよね……。「おお、それはええことをしなすった」ですから。

「舌《した》切《さ》り雀《すずめ》」のおばあさんだったら、間違いなくここで大げんかでしょう。しかし現代の家庭で同じことがあっても、意地悪な奥さんとは決して言えないでしょう。家庭を守る妻として、至って常識的な感覚だと思います。

　でも、この場面を読むと、私は必ず泣いてしまうのです。

　この涙には理由があります。八王子つばめ塾を始めてから1年くらいは、生徒が大変少なく、生徒が入ってくると必ず妻に報告していました。

「こんなにも厳しい家庭の子どもが入ってきたんだ。少しでも力になれそうだよ！」と言うと、妻は必ず「そういう子どものために、八王子つばめ塾があってよかったね」と言ってくれたのです。また、正社員の仕事をやめて間もない頃、妻はこんなふうにも言ってくれました。「この先、想像を絶する大変なこともあると思うし、心の折れるときがあるかもしれない。だから、塾が始まったばかりの今だけでも、私も志を強く、前向きに持っていたい。『かさこじぞう』のお話で、おじいさんが1つも笠を売れずに帰ってきたけれど、おばあさんはいいことをしましたねぇと、その優しい行いを大切にしてあげていた。私も、そうありたいと思う」

「かさこじぞう」のあのシーンを読むたびに、この妻の言葉を思い出し、涙が出てくるのです。夫が突然正社員をやめて、非正規雇用になったにも関わらず、こう思ってくれたことに本当に感謝しかありません。

八王子つばめ塾を始めた私たち夫婦に、何か具体的で大きな見返りがあったわけではありません。「かさこじぞう」のおじいさんも、見返りを求めて笠を差し出したわけではないでしょう。私にとって一番の見返りは、多くの塾生に出会えたこと。多くのすばらしいボランティア講師に出会えたこと。温かい寄付者、支援者の皆さまに出会えたこと。ほかの無料塾や子ども食堂・フードバンクなど、同じ思いを持つ多くの仲間たちと一緒に活動できることでした。これ以上に価値のある見返りはないと思っています。

＊＊＊

ここまでお読みいただき、ありがとうございました。いかがだったでしょうか。

もし、小学生・中学生・高校生・大学生の皆さんが、この本を読んで、「人に尽くす生き方はすてきだな、自分もそんなふうに生きてみようかな」とちょっとでも思ってくれたら、こんなにうれしいことはありません。

ここで、「はしがき」で聞いた質問をまた聞いてみたいと思います。

自分のことを、「運がよい、よかった」と思っていますか。

この本を読んで、自分は「運がよかった」と思える方にお願いです。その幸運を、ちょっと、他人のために使ってもらえないでしょうか？　今、困っている人、苦しい思いをしている人のために。それは回り回って、あなたのところに返ってきます。それは私が保証します。

自分は「運が悪かった」と思った方にお願いです。絶望せずに、もう少し待ってください。手を差し伸べてくれる人が必ず現れます。私も、この「社会」には何の希望も持てない中高生時代でした。でも八王子つばめ塾を作ったら、多くの人が協力してくれました。ボランティア講師から習った八王子つばめ塾の子たちが３００名以上卒業して、あちこちで活躍しています。弟子の無料塾を巣立った多くの卒業生も全国各地にいることでしょう。

あなたのそばに来る日も遠くはありません。希望を持ってください。できることは限られていますが、私も力を尽くします。

あとがき

ここまでお読みいただき、本当にありがとうございました。こうして本を書き上げて、真っ先に感じたのは、「本当に多くの方に関わっていただいて、八王子つばめ塾が成り立っている」ということでした。

まずもって、感謝を伝えたいのは、八王子つばめ塾のボランティア講師、元講師の皆さまです。書中に全員のお名前は出せませんでしたが、今まで２００名を超える方々にご協力いただき、八王子つばめ塾は成り立っています。ありがとうございました。皆さまの活躍がなくては、誰一人として勉強はできませんでした。

次に、多くの支援者、寄付者の皆さま。顔を見たこともない、名前を知ることもない子どもたちへの寄付のおかげで、八王子つばめ塾の生徒は安心して勉強ができています。ありがとうございます。これからも応援、お願いいたします。

そして何よりも、塾生・卒業生の皆さんには、「八王子つばめ塾に来てくれてありがとう」と伝えたいです。きっと最初は、無料塾なんて怪しいと不安だったと思います。友人と近所の有料塾に通いたかったと思います。どうしてこんな遠い塾まで来なければならないんだと思う日もあったでしょう。でも、八王子つばめ塾を信じて、ボランティア講師を信じて、コツコツ勉強してくれたことに、心から感謝しています。なぜなら、八王子つばめ塾は生徒が来てくれなかったら、1日も成り立たない塾だからです。今でも年に何回かは、ＰＣの中に入っている「卒業生名簿」で全員の名前を見ています。「みんなどうしているかな？」と気にかけています。きっとそれぞれの場所で、精いっぱいみんならしく活躍していると信じています。気が向いたら、近況報告をしてください！　待ってます。

そして、八王子つばめ塾を心から応援してくれている小宮家のみんな。改めてありがとう。

最後に、表紙、挿絵を描いてくださった漫画家の羽賀翔一さま。わざわざ八王子つばめ塾の教室を見学してくださったうえで、魂のこもったすてきな絵をありがとうございました。

ライターの常山剛さん、文章を修正してくれてありがとう。國學院大學の史学科に入学して歴史研究サークルで出会ったときからの長い付き合いの中で、今回の仕事を引き受けてくれました。しゃべるのは得意だけど、書くのが苦手な私の文章をすてきに仕上げてくれました。

そして、この本の制作を担当してくださったソシム株式会社の内藤杏里さん、ご尽力くださってありがとうございました。

この本を書いたことで終わりではありません。また明日から、経済的に苦しいご家庭の子どもたちのために、力を尽くします。そして、これからも「無料塾という生き方」を極めていきたいと思います。

２０２３年12月

認定ＮＰＯ法人八王子つばめ塾　理事長

小《こ》宮《みや》　位之《たかゆき》

執筆協力　常山剛
構成　郷和貴
装丁画・挿絵　© 羽賀翔一／コルク
装丁・本文デザイン　小島トシノブ／NONdesign
DTP　有限会社 中央制作社

「無料塾」という生き方 ― 教えているのは、希望。

2023年12月13日　初版第1刷発行

著者　小宮 位之
発行人　片柳 秀夫
編集人　志水 宣晴
発行　ソシム株式会社
https://www.socym.co.jp/
〒101-0064　東京都千代田区神田猿楽町 1-5-15 猿楽町SSビル
TEL：(03)5217-2400（代表）
FAX：(03)5217-2420

印刷・製本　株式会社暁印刷

ISBN 978-4-8026-1440-5　©2023 Takayuki Komiya　Printed in Japan